Se constituer soi-même
comme sujet anarchique

T0079825

ANARCHIES

Collection dirigée par Mehdi Belhaj Kacem et Jean-Luc Nancy

Reiner Schürmann

Se constituer soi-même comme sujet anarchique

Trois essais

Avec une préface de
Mehdi Belhaj Kacem

DIAPHANES

© DIAPHANES
Zurich-Paris-Berlin 2021
ISBN 978-2-88928-050-6
Imprimé en Allemagne

www.diaphanes.fr

Mehdi Belhaj Kacem

La métaphysique détraquée
Reiner Schürmann et la question de l'agir

Le présent livre constitue le recueil de trois articles char-
nières de Reiner Schürmann. Deux d'entre eux, *Que faire
à la fin de la métaphysique ?* et *Des doubles contraintes
normatives* sont des échos, respectivement récapitula-
tif et prospectif, des deux *opus magnum* de Schürmann,
Le Principe d'anarchie et *Les Hégémonies brisées*. L'autre
texte, *Se constituer soi-même comme sujet anarchique*,
jette un éclairage tout à fait inédit sur ce qu'on pouvait déjà savoir à partir des deux autres textes, abon-
damment repris dans les deux ouvrages-phares de leurs
auteurs. Ils les font lire différemment. C'est cet éclairage
entièrement neuf, quant à la portée *praxique* que revêt
la vaste méditation post-métaphysique de Schürmann,
qui fait du présent recueil un *inédit*, au sens le plus plein
du terme.

Pour le faire comprendre, je paierai de mon petit
exemple personnel. Ma découverte de Schürmann, qui
devait marquer ma vie entière, advint assez tôt, vers l'âge
de vingt-cinq ans, quand je décidai, parfait autodidacte

(je n'ai jamais suivi d'études universitaires, ni enseigné) de passer de la « littérature » à la « théorie », avec cet ouvrage de *punk philosophy*, ou de philosophie *anarchique* qui portait le titre d'*Esthétique du chaos*. Pendant longtemps, ce passage fut favorisé par la lecture de Heidegger que proposaient Jacques Derrida et Jean-Luc Nancy en France (je ne découvrirais Philippe Lacoue-Labarthe que bien plus tard). En simplifiant grandement, on peut résumer cette lecture comme suit : libérer la différence de l'emprise métaphysique (ce que Derrida appelait différ*a*nce). Un certain Schürmann consonne avec ce programme : « l'autre commencement », c'est la justice faite à la présence comme événement multiple, comme l'innocence rendue à la pluralité, au pluriel. » Au même moment, un Deleuze, lui, s'astreignait à produire une *métaphysique positive* de la différence. Le cas très particulier de Foucault tient une place suffisamment importante dans les présentes pages pour que nous y revenions plus loin. Disons simplement qu'à cette époque de « formation sauvage » en philosophie, la découverte du *Principe d'anarchie* fut un véritable choc, qui produisit en moi un « pas de côté » par rapport à la version simplement « française » de la déconstruction. Ce livre m'apparut immédiatement, et ne cessa de m'apparaître depuis au fur de mes régulières relectures, comme le commentaire de Heidegger le plus ample, le plus profond et le plus puissant qui ait jamais été écrit. Par rapport à la pure « libération positive » de la différence qu'actaient les philosophes français de l'après-guerre (mais, j'y viens, le cas de Foucault s'y singularise à plus d'un titre), Schürmann amenait quelque chose de plus inquiétant : ce que, tout du long de son travail, et de manière de plus en plus insistante, il appellera non pas différence, mais *singularité*.

La singularité est, comme chez les « collègues » français, la différence libérée de l'emprise de la métaphysique. Sauf que, dans le cas de Schürmann, cette « libération » ne constitue pas simplement une « bonne nouvelle » : d'où les polémiques récurrentes, probablement un peu jalouses, avec Derrida. Pour introduire ce concept, il faut l'apparier à l'autre signifiant maître qui domine la production de Schürmann : l'anarchie, au sens précis où il l'entend. Un détail précieux du présent recueil, c'est que Schürmann y récapitule le programme de sa vie en une petite phrase qui va loin : par rapport aux « stratégies de pensée » qu'il aura « retracées » si magistralement chez Heidegger, le cœur de son entreprise aura été de conduire « ce qui y est dit [...] quelque part où l'*homme* Heidegger n'aurait pas tellement aimé être conduit. » (Je souligne). C'est ici que le commentaire de Foucault révélera sa pleine pertinence subversive.

Le mot grâce auquel Schürmann aura recouvert l'ensemble de sa lecture sans égale de Heidegger aura donc été : anarchie. Et, de fait, les mots « singularité » et « anarchie » sont pour ainsi dire absents du lexique heideggerien proprement dit. Autant dire que les lectures de Schürmann tirent en effet à *autre chose* qu'à la littéralité du texte de Heidegger : un continent entier de pensée qui y était latent, mais qui n'affleure puis n'émerge dans toute son ampleur, comme une Atlantide conceptuelle, qu'avec Schürmann. Un ami de ce dernier a déclaré que Schürmann aurait pris pour une insulte d'être considéré comme « heideggerien » – malentendu qu'en effet on n'a pas fini de s'employer à dissiper.

Mener Heidegger « quelque part où [il] n'aurait pas aimé être conduit » : c'est ici que l'appariement à Foucault révèle toute sa portée stratégique, et où les signifiants-maîtres, singularité et anarchie, jouent à plein.

Car Foucault fut, des « philosophes de la différence », celui qui insista âprement sur le fait que cette dernière, quoique désarrimée de fait de la subsomption métaphysique, ne cessait pas d'en subir les effets collatéraux dévastateurs ; ce désarrimage ne laissait pas de se faire sous le signe d'une certaine *négativité*, que les autres grands « philosophes de la différence » sous-estimèrent beaucoup. Telle est la différence de la *singularité* schürmanienne et de la différ*a*nce derridéenne notamment : elle est la différence post-métaphysique, mais telle qu'elle ne cesse de se débattre dans des affres et des apories « insupportables » que les *spectres* de la syntaxe métaphysique continuent d'exercer sur elle. Autrement dit, il ne suffit pas de desserrer l'étau des contraintes métaphysiques sur la différence pour que celle-ci s'en tienne quitte. Cette « contrainte » – « double contrainte », dit Schürmann, nous verrons comment – est à l'*origine* de la longue errance métaphysique, et non sa conséquence. La prédilection de Foucault pour les marges transgressives de l'histoire de la métaphysique, comme de l'époque dont il était contemporain, illustrent exactement, et donc précieusement, ce que Schürmann appellera sans cesse dans *Les Hégémonies brisées* singularisation, ou encore, plus précisément encore : *singularisation à venir*. C'est sur ce point que l'appariement de Foucault aux géniales exégèses de Heidegger ouvrent un horizon neuf à la pensée, en *exemplifiant* la portée « praxique » des méditations de Schürmann tout du long de son parcours.

Tâchons de le formuler encore autrement. Et mettons que les trois titres respectifs du présent recueil sont comme des *périphrases conceptuelles* les uns des autres. L'abouchement des trois articles permettent de se faire une idée des grandes lignes d'une pensée infiniment complexe (« abyssale » est l'un des adjectifs-fétiches de

Schürmann) : il nous revient ici d'*indiquer* comment, par « constitution d'un sujet anarchique », « faire après la fin de la métaphysique » et « doubles contraintes normatives », il faut entendre *un seul et même problème*. Qu'est-ce que la « péremption de la métaphysique » initiée par Kant, illustrée par Kierkegaard, Schopenhauer, Marx ou Nietzsche, puis entérinée, peut-être un peu trop bruyamment, par Heidegger et ses meilleurs lecteurs ? La pluralité des noms propres indique que les définitions furent elles-mêmes multiples, et qu'il faut ici s'arrêter à la *version* qu'en donne Schürmann. La métaphysique, c'est une confiance à ce point aveugle prêtée par l'animal humain à la puissance du langage qu'il a posé, à chaque ère notable de son histoire, des référents derniers (ou « hégémoniques »), supposés si pérennes et immarcescibles, qu'ils donnaient la mesure à tout ce que les êtres humains pouvaient dire et faire à un âge donné : par exemple l'Un pour les grecs, la Nature pour les romains, Dieu pour le Moyen Âge, le sujet réflexif pour l'âge moderne... Or, ces référents « à quoi tout se réfère sans qu'ils ne se réfèrent à rien », censés transcender l'universelle finitude et corruptibilité des étants, se sont tour à tour avérés bien plus rapidement corruptibles que, mettons, une lignée évolutionniste quelconque : les rats, par exemple, sont tels que nous les connaissons depuis des millions d'années. Ces référents se sont donc avérés eux-mêmes essentiellement corruptibles, entraînant avec leurs « destitutions » respectives l'effondrement des époques qui en avaient porté l'hégémonie : une corruptibilité par conséquent *accélérée* de ces époques elles-mêmes, c'est-à-dire bien plus rapide encore que celle des étants (des rats, par exemple) qu'elles voulaient transcender par ces référents hégémoniques.

Ces référents normatifs *hypertrophient* par le langage une entité fictive, censée transcender toute expérience et tout phénomène : monstre « fantasmatique », qui s'avère en quelques siècles, un millénaire tout au plus, bien plus putrescible qu'un étant appelé à disparaître, mais tenace dans son « entitativité » : la manière dont ce référent nous permet de nous *approprier* les phénomènes et les expériences se paie alors d'une *expropriation* aussi monstrueuse que les proportions « mégalomanes » auxquelles l'aura mené la confiance dans le langage. De tels « fantasmes hégémoniques » se révèlent non seulement avoir été illusoires quant à leur fonction de garantir un ordre et une sécurité pérennes, mais *accélérer* la péremption des étants – nous – ayant investi leur confiance dans de tels référents derniers. Tel est en somme l'âge « pathétique » que nous vivons, dont le très gros des philosophes professionnels tâche pourtant encore de remblayer les affres atroces. Pas Schürmann.

Diagnostic de Schürmann : « notre angoisse provient de notre impossibilité à postuler des référents derniers, des normes ». D'où « l'anarchie », désignant l'oxymore du *principe d'une absence de principe.* Comme il le dira dans son œuvre testamentaire : nous n'avons plus affaire à la déjà terrible et récurrente « destitution » de tel ou tel référent normatif ayant fait époque ; nous avons affaire à la pure et simple « dessaisie », c'est-à-dire à l'impossibilité de tirer de notre chapeau métaphysique un *nouveau* référent pour orienter le penser et l'agir (même si on verra plus loin que les tentatives ne manquent pas de ressusciter cet impossible).

Comment a fonctionné la « fabrication » époquale d'un tel référent ? Par l'extraction, à partir de lois seulement *locales*, d'une hypostase vouée à valoir « force de loi » pour tout ce qui existait. « *Les lois* – « Tous les hommes sont mortels », « le carré de l'hypoténuse est égal à la somme des carrés des deux autres côtés d'un triangle rectangle », « Les ovipares se reproduisent par des œufs, les vivipares, dans l'utérus », « Tu ne tueras pas » – intègrent des données *singulières* dans une région phénoménale, tandis que *la loi* sert à cette intégration de référent la légitimant. » Les lois valables *singulièrement* sont grossies aux proportions d'*une* loi – l'Un, la Nature, Dieu, le Sujet – servant de « mensuration normative » à tout agir et à tout penser, ainsi qu'à l'appréhension de tout phénomène et de tout étant. Telle est la métaphysique telle que, à la suite notamment de Kant et Heidegger, Schürmann la diagnostique, la pense et la met en procès.

« Que faire à la fin de la métaphysique ? Combattre tous les vestiges d'un Premier qui donne la mesure. » C'est-à-dire « laisser les choses se mettre en présence, dans des constellations essentiellement rebelles à l'ordonnancement. » Ou encore, il s'agit d'aménager le « passage d'un lieu où les étants sont contraints sous un principe époqual, à un lieu où leur contingence radicale est restaurée ». Ici, tout un très fertile rapprochement conceptuel peut être mis en chantier entre ce que Schürmann définit comme « principe d'anarchie » époqual, et ce qu'aujourd'hui un Quentin Meillassoux a appelé « nécessité de la contingence », plus qu'à son tour un « principe » anti-métaphysique dévastateur.

Pour préparer ce passage à « l'autre commencement » – que le grand commencement métaphysique grec –, Schürmann a mis en œuvre une « phénoménologie négative » sophistiquée par laquelle nous pouvons comprendre comment se mettent en place, à chaque événement d'instauration d'un monde (d'*appropriation* d'un monde, dit-il donc), ce qu'il appelle les « doubles

prescriptions normatives », à leur tour condition de possibilité – « c'est-à-dire d'impossibilité », nous verrons
vite comment – de ce qu'il entend par « singularisation
à venir ». C'est cette « phénoménologie négative » de la
singularisation qui le distingue de la pure « libération de
la différence » encensée avec génie par les grands philosophes français de l'après-guerre – Foucault étant donc
en inclusion exclusive, et en exclusion inclusive de ce
courant, d'où « l'indexation » qu'en fait Schürmann,
plus volontiers qu'avec Derrida ou Deleuze.

C'est que, comme l'a avancé Nietzsche le premier (la
mort de la tragédie est ce qui crée la croyance socratique en un progrès historique vers le Bien), « les normes
naissent des crises dans l'histoire qui font époque ». Ce
sont, en quelque sorte, des planches de salut : l'Un législateur naît du miracle grec périclitant, la Nature normative de l'effritement de la grandeur romaine, Dieu de
l'effondrement de l'empire et de la détresse médiévale, le
Sujet de l'excentrement cosmologique de l'homme produit par l'événement galiléen. Aussi, toutes ces normes
sont-elles, quoique à leur insu, dès leur essor travail-
lées du dedans par un « principe » de transgression qui
leur est cooriginaire. On pourrait même montrer, mais
ce serait un argumentaire trop long à développer dans
le cadre de la présente incise, qu'en un sens, par « loi »
et par « transgression », il faut entendre *la même chose*,
c'est-à-dire la levée, au-dessus des phénomènes et des
expériences sur lesquelles nous avons prise (*les* lois singulièrement localisées), d'un référent qui les transcende
(*la* loi), et prétend ensuite fournir son explication et sa
« mensuration » à tout phénomène et à toute expérience.

D'où vient, *phénoménologiquement*, un tel « principe »
(guillemets ici mis pour accentuer le même connoté oxy-
morique que pour l'expression « principe d'anarchie ») ?

De ce qu'à la suite d'Hannah Arendt Schürmann appelle la « mortalité ». La mortalité n'est pas le fait biologique de mourir ; elle est un trait phénoménologique qui, à l'intérieur de chaque phénomène et expérience quotidiens, décontextualise, « déterritorialise » dirait Deleuze (quoiqu'en bonne part romantique), un étant du phénomène qu'il habite (s'approprie) et de l'expérience qu'il traverse. La mortalité s'oppose à la « natalité », dit Schürmann toujours à la suite d'Arendt, elle-même à ne pas confondre avec la naissance biologique : la natalité est ce qui nous porte vers le commun, l'enthousiasme créateur, la contextualisation, cela qui assure la cohésion d'un phénomène ou d'une expérience donnés. La mortalité est ce qui travaille toujours-déjà cette phénoménalité positive de l'intérieur, en défait la cohésion, introduit l'incongruité et la césure dans la continuité de l'expérience, de manière non symétrique ou dialectique, « hétérologiquement » : elle « étrange » l'étant qui habite le phénomène ou fait l'expérience en question, reconnaît par le langage son appartenance commune à une catégorie d'étants, s'enthousiasme pour ce qu'il partage avec autrui. Il est le trait d'*expropriation* qui défait tout phénomène approprié positivement : et qui fait que l'étant qui l'habite est aussi bien aliéné de cette constellation commune à laquelle il croyait appartenir, que l'enthousiasme du partage s'avère avoir été un fantasme, qu'il ne fait plus qu'assister (au mieux) de l'extérieur à l'expérience dont il est censé être pleinement sujet.

La « double prescription » dont il s'agit ici, et dont le soubassement ontologique est le jeu hétéroclite de la natalité et de la mortalité, de l'appropriation et de l'expropriation, est donc la même chose que le gigantisme de la décomposition des référents métaphysiques, autrement dit : que l'an-archie. Le modèle, nous dit

Schürmann, s'en trouve dans la tragédie attique. Quand Agamemnon se voit enjoint par les dieux de sacrifier sa fille Iphigénie, il devient à la fois étranger à la loi civique à laquelle il doit satisfaire en tant que chef grec appelé à ce moment-là à combattre Troie, *et* étranger à l'allégeance familiale qui lui impose ses devoirs de père. Les deux phénomènes qu'il habitait jusque-là positivement se défont en une double « traction » expropriatrice, le *singularisant* tant hors de la loi civique que hors de la loi familiale. Il n'habite, à ce moment-là, ni l'un ni l'autre des phénomènes, il n'expérimente ni sa « nature » de chef grec, ni « celle » de père de famille : telle est la singularisation : la traction expropriatrice hors du phénomène qu'on croyait habiter durablement, le trait de mortalité qui défait la poussée de natalité qui fait les phénomènes et les mondes. Telle est aussi bien la double traction législation-transgression, dont le « fonds » phénoménologique est cet attrait disparate, jamais symétrique ou dialectique, de la natalité et de la mortalité dans les plus infimes de nos gestes quotidiens (il suffit de penser à nos expériences amoureuses...). Aussi Agamemnon *doit*-il trancher entre les deux tractions pour que son monde demeure vivable, pour ne pas doublement se singulariser (et donc tout simplement mourir) en s'excluant *et* de son rôle de chef de guerre *et* de son rôle de père.

Or, la tragédie ne fait qu'instancier le schème selon lequel a toujours procédé la métaphysique. Pensons au Platon de *La République* : pour assurer le plein rendement idéel de celle-ci, il dit expressément qu'il faut faire ce que fait Agamemnon, et sacrifier toute vie familiale à la seule vie collective vouée au service des Biens positifs. La métaphysique grossit un référent tiré du phénomène vécu, et le pose en référent dernier excluant l'imminence de la *singularisation* (c'est-à-dire de la mortalité) qui partout et toujours est déjà en train de nous exclure des phénomènes que nous habitons, des expériences que nous faisons « nôtres ».

« Penser, c'est alors répondre et correspondre aux constellations de présence telles qu'elles se font *et se défont* » (je souligne). D'où l'anarchie. Schürmann éprouve le besoin de préciser : « Inutile d'ajouter qu'il n'est pas question de l'« anarchie » ici au sens de Proudhon, Bakounine et leurs disciples. Ce que cherchaient ces maîtres, c'est à *déplacer* l'origine, à substituer au pouvoir d'autorité, *princeps*, le pouvoir rationnel, *principium*. » Mais est-ce si simple ? L'anarchisme comme phénomène historique n'est-il pas plus qu'à son tour une instanciation de la « nouvelle économie » que tâche de nous faire adopter Schürmann ? Regardons-y à deux fois. Après tout, dans son texte sur Foucault, Schürmann revendique plus d'une fois la filiation de l'anarchisme qu'il prête à Foucault : « Que puis-je faire dans une telle société isomorphe ? me constituer en tant que sujet *anarchique* » ; « l'anarchisme [...] n'apparaît comme une possibilité pratique qu'après le triomphe de l'État moderne » (et c'est pourquoi, dit Foucault, « imaginer un autre système revient à augmenter notre intégration au système présent ») ; enfin, « par contraste avec l'anarchisme du XIXe siècle, celui qui est possible aujourd'hui reste plus pauvre, plus fragile. » Ce qui indique bien pourtant une filiation. Laquelle ?

D'abord, en ce que l'État est précisément l'expression politique achevée d'un *référent hégémonique* : quelque chose qui donne le ton à tout phénomène politique, quelque chose à quoi nous référons chacun de nos gestes « citoyens », et pourtant quelque chose *qui n'est pas* phénomène. Je vais au travail, je paie mes factures et mes impôts, je regarde le journal télévisé... tous ces actes *réfèrent* à ce qu'on appelle « l'État », signifiant englobant tout, tout en n'étant englobé par rien. « Une mesure n'est principe que si elle ne se jauge pas à son tour à quelque mesure », et tel est bien l'État. Pour une raison très simple : il n'est pas un étant, il est bel et bien un « référent normatif » où l'hyper-métaphysicien Hegel reconnaissait l'immanence de Dieu, la « communauté participative » de tous les citoyens au Bien commun, l'hypostase du trait de natalité. Aussi, si l'on passe, en effet, sur la naïveté « métaphysique » de l'anarchisme politique du XIXᵉ, naïveté qu'auront partagée toutes les autres tendances de ce siècle (romantisme, hégélianisme, marxisme, nietzschéisme...), la rétrovision jetée sur tous les mouvements anarchisants sans exception des deux derniers siècles éclairent ce que peut bien être la *praxis* schürmannienne, qui à son tour les éclaire, au sens hégélien de la « chouette de Minerve » : la philosophie arrive toujours après que les jeux ont été faits, et la *signification* historique de l'anarchisme n'appert dans sa pleine évidence de symptôme de l'épuisement de la métaphysique que dans cet appariement.

En effet, on peut dire que l'anarchiste est celui qui refuse l'hypostase du référent normatif (ici, l'État ; là, Dieu, etc.) : celui qui reste « fidèle au phénomènes » (« fidélité qui s'appelle pensée », dit à de multiples reprises Schürmann), sans les transcender dans un référent qui vaudrait au-delà de la situation qui est expérimentée *hic et nunc*, « de proche en proche », dit encore Schürmann de sa conception de la *praxis*. Qu'il s'agisse des ouvriers de la Commune, des grévistes de 1906, des situationnistes, des punks, des minorités sexuelles en tous « genres » se formant en communautés précaires... à chaque fois ces sujets ont « répondu aux économies de la présence » qui se présentaient à eux sans l'hypostasier en un signifiant transcendant : « à épouser la discontinuité de l'événement d'appropriation » tel qu'il advenait « à portée de main ».

Prenons l'un de ces « référents hégémoniques » qui, après tout, ont fait époque, fût-ce de manière beaucoup plus courte que prévue par ses thuriféraires, oblitérant au passage le signifiant « anarchisme » : le communisme. Que veut dire Bakounine quand il écrit : « Je déteste le communisme, parce qu'il est la négation de la liberté et que je ne peux concevoir rien d'humain sans liberté. Je ne suis point communiste parce que le communisme concentre et fait absorber toutes les puissances de la société dans l'État, parce qu'il aboutit nécessairement à la centralisation de la propriété entre les mains de l'État, tandis que moi je veux l'abolition de l'État... Je veux l'organisation de la société et de la propriété collective ou sociale *de bas en haut* par la voie de la libre association, et non *de haut en bas*, par le moyen de quelque autorité que ce soit. Voilà en quel sens je suis collectiviste et pas du tout communiste » ? (J'ai souligné). En termes « naïfs », il dit après tout la même chose que Schürmann : ne jamais coiffer l'expérience ou le phénomène donné, la constellation de présence qu'agence une « poussée de natalité » (et tel est le « collectivisme » anarchiste) par un référent le transcendant et destiné, dès lors, à valoir partout et toujours. Or, le signifiant « communisme », enlevé sur l'événement majoritairement *anarchiste* de la Commune de Paris, a été un tel référent universalisant : et l'échec flagrant du fantasme hégémonique s'étant présenté sous le sobriquet de « communisme réellement existant ». Partout et toujours, depuis Engels et Lénine, il a transcendé de précaires événements d'appropriation, mais réellement advenus, et les expériences réellement vécues qui les traversèrent, en référents transcendants n'ayant plus aucun rapport avec eux : et qui, une fois

« reterritorialisés », pour reprendre encore Deleuze, en phénomènes réels, n'ont correspondu à rien de ce que ces référents promettaient, précisément la reconduction du *type* d'appropriation qui avait lieu dans tel ou tel surgissement insurrectionnel, peut-être *par définition* anarchisant.

D'où, encore, l'échec patent rencontré récemment par des philosophes très en vue, Badiou ou Žižek, pour réactiver « l'hypothèse communiste ». Schürmann aurait traduit : la *thèse* communiste, c'est-à-dire l'hypertrophie métaphysique : l'an-archie, elle, veut être la phénoménologie anticipée de l'échec d'une telle thèse à se réaliser jamais. C'est que, sans trop de hasard, ces mêmes philosophes sont ceux qui travaillent expressément contre l'impulsion kantienne, nietzschéenne, heideggerienne ou schürmannienne, c'est-à-dire à *restaurer* les prestiges et les prérogatives principielles de la métaphysique : la pleine positivité *légiférante* de celle-ci. À tenir, comme le dit en toutes lettres Badiou dans son livre sur Deleuze, pour « nul et non avenu » le gigantesque procès historial intenté par Kant à la métaphysique. Où l'on voit que les débats philosophiques touchent à la plus brûlante de notre quotidienneté, comme y insiste sans cesse Schürmann : « on voit que la philosophie – "le penser" – n'est pas une entreprise futile : la phénoménologie déconstructrice "change le monde" parce qu'elle révèle le dépérissement des principes ». C'est en ce sens encore qu'il nous faut entendre, à nouveaux frais, le mot de Derrida : « la déconstruction, c'est ce qui arrive. » Entendons : la métaphysique, *c'est ce qui n'arrive pas*, ne se phénoménalise pas.

On peut donc soutenir que ce que thématisent les trois textes ici réunis, c'est que le « sujet anarchique » de Schürmann n'est autre que le sujet *praxique* de la fin de la métaphysique, ou de sa déconstruction *en acte*. La Commune de Paris, la grève générale de 1906, la Révolution espagnole ou Mai 68, sans parler des innombrables expériences anarchisantes plus « limitées » (Schürmann lui-même n'a pas fait l'expérience des kibboutz par hasard, singularisation comprise...) de mise en commun an-archiques (par exemple : sexuelles « déviantes ») ont su, comme malgré elles, retenir le trait de mortalité dans la natalité (ce fut évident avec l'expérience d'Act Up en France, et pour cause), d'expropriation dans l'appropriation, de singularisation toujours-déjà à venir dans toute contextualisation événementielle. Inversement, si les tenants métaphysiques du *revival* du « communisme » sont incapables de faire en sorte que celui-ci se *phénoménalise*, c'est qu'ils sont incapables d'expliquer pourquoi le « communisme réellement existant » a été partout et toujours un échec atroce : que, partout et toujours, le communisme a dès son envoi thétique été incapable de se phénoménaliser, de faire constellation de présence, événement *réel* d'appropriation par ses sujets. Les mêmes auraient dû commencer par le préalable imprescriptible : le travail de déconstruction des illusions métaphysiques (des « hypostases » d'avance dénoncées par Marx) qui ont présidé aux échecs apocalyptiques (Schürmann parle de « stratégies effroyables ») du léninisme, du stalinisme, du maoïsme, du castrisme, du pol-potisme, du Sentier lumineux, etc. Le communisme a ainsi, pendant toute une époque, servi de *référent normatif* enjoignant à des millions de personnes quoi dire et quoi faire, en vue d'une phénoménalisation et d'une contextualisation qui ne se sont jamais présentées nulle part. C'est même, bizarrement, dans les régimes qui s'en réclamaient, comme si c'était la *seule* expropriation, en lieu et place de « l'appropriation collective des moyens de production », qui avait eu lieu : une hypertrophie monstrueuse du *seul* trait de mortalité.

On ne peut pas ici ne pas faire allusion à la lecture *anarchisante* que fait Schürmann de Marx (*Lire Marx*, DIAPHANES 2021), pour comprendre comment, dès Engels, le communisme a été le signifiant méta-physique et la « maximisation fantasmatique » des événements anarchisants d'appropriation qui ont réellement eu lieu : récupération de l'anarchisme communard par la « dicta-ture du prolétariat », perversion des soviets par les bol-cheviks, trahison des makhnovistes par l'armée rouge, puis des anarcho-syndicalistes par Staline, hostilité du PCF à Mai 68 qui le lui rendait bien... par exemple, que veut dire Debord quand il écrit : « Les avant-gardes n'ont qu'un temps, et ce qui peut leur arriver de plus heureux, c'est d'avoir fait, au plein sens du terme, leur temps » ? Exactement ce que thématise Schürmann : apprendre, d'avance, à retenir le travail de mortalité, de transgres-sivité, de décontextualisation, de « singularisation à venir », dans toute « mise en constellation » par « l'évé-nement d'appropriation », de natalité, de poussée vers le commun, d'inscription phénoménale (cette « création de situation », disait notoirement Debord). L'histoire du communisme peut être lue, moyennant ces outils, comme le recouvrement métaphysique de la *prise de conscience* an-anarchique que représenta historiquement la poussée événementielle de l'anarchisme au sens strict. Qui est, en réalité, un sens très large : ce que Schürmann appelle encore « l'agir multiple ». Il n'y a pas « l'anarchie », il y a *les* économies anarchiques, les anarchie*s*.

C'est pourquoi, malgré les efforts considérables que déploient certains des plus grands métaphysiciens vivants, Badiou au premier chef, le *revival* du « commu-nisme » ne prend pas, où que ce soit : ne fait événement ni se phénoménalise nulle part. Žižek parle, quelque part, de la « tentative désespérée » de Schürmann de « tirer » Heidegger vers l'anarchie. Vraiment ? Mais *qu'est-ce qui* est authentiquement désespéré ? Schürmann répond : les « tentatives de consolation et de consolidation » qu'ont constitué toutes les métaphysiques. Les espérances qu'elles alimentent (« ne pas désespérer Billancourt ») restent confinées au monde de la spéculation ; ne « font pas monde ». Schürmann ne fait que détourner les outils heideggeriens vers des débouchés conceptuels qui sont des descriptifs de phénoménalisations qui sont *déjà là* (« où l'homme Heidegger n'aurait pas aimé être conduit »). Tandis que la réactivation par Žižek de la plus grande machinerie métaphysique qui fût jamais, celle de Hegel, ne fait qu'appeler de ses vœux une phénoménalisation qui ne se présente jamais à qui que ce soit. Le « communisme » isole abstraitement, comme toute métaphysique, le seul trait de natalité vers le commun, comme son nom l'indique ; référent qui a prouvé qu'il ne valait pas mieux que l'Un, la Nature ou Dieu en leur temps.

L'enjeu philosophique, dans le débat contemporain, est de taille : il engage la fidélité à ce qu'a *signifié*, bien au-delà de ce qu'il voulait littéralement dire, la mise en crise de la métaphysique par Kant, ou pas. En sorte qu'il ne faut pas dire : *même s'ils sont* les plus grands métaphysiciens vivants, le *revival* du communisme plaidé par Badiou et Žižek ne prend pas. Il faut plutôt dire : c'est *parce qu'ils* sont les plus grands métaphysiciens vivants (surtout Badiou) que le « communisme » est le référent ultime, lui-même sans référent, qui « coiffe » d'un horizon illusoire, « téléologique » dit Schürmann, leurs impressionnantes et pléthoriques constructions.

Autant dire qu'au-delà de la dimension politico-praxique que les présents textes mettent en relief de la pensée de Schürmann, toute sa philosophie, comme nulle autre aujourd'hui, accuse le débat qui ne cesse de faire sourdement rage depuis plus de deux siècles, d'éclater parfois avec évidence (par exemple dans les années 1930, puis 1960 et 1970 du siècle précédant le nôtre), puis de se résorber soudainement (ces dernières décennies), pour, espérons-le, revenir demain renouvelé : la *question* de la mise en cause de la métaphysique est-elle une affaire classée, où continue-t-elle à définir notre modernité ? Le courant « néo-réaliste » actuel de la philosophie, par exemple, répond qu'on en a bel et bien fini avec la mise en question de la métaphysique ; que la philosophie, à nouveau, consiste en production d'ontologies affirmatives à partir desquelles, éventuellement, dériver une doctrine pratico-éthique. Nous devons à nouveaux frais produire de grandes constructions normatives qui nous disent, dans un premier temps, comment les choses sont, (et donc, par exemple, forclore le « multiple dispars » dont parle Schürmann au profit du « multiple indifférent » de Badiou, ou de « l'objet » tout aussi indifférent aux singularités), puis, dans un second, comment nous devons être (poser à nouveaux frais des normes pour l'agir, ce que Badiou appelle « prescription »). C'est-à-dire produire une pure et simple *restauration* de la manière classique qu'a la métaphysique de procéder : « Les doctrines traditionnelles de la praxis réfèrent celle-ci à une "science" indépassable dont procèdent les schémas applicables à un raisonnement rigoureux sur l'agir », dit encore Schürmann. Or, c'est une telle procédure que Schürmann pulvérise, *parce qu'elle a déjà été pulvérisée* dans la « présence multiple » qui fait notre époque de détresse, que ne remblaieront pas les susdites restaurations. Nous devons chercher ailleurs et autrement.

La critique de la métaphysique n'est donc pas, comme trop souvent, quelque chose dont il suffirait de se passer le mot pour être quitte de tout questionnement nova- teur. C'est tout le contraire, et Schürmann le prouve avec éclat. La critique de la métaphysique n'est pas un inva- riant qui serait resté intact de Kant à Schopenhauer et Kierkegaard, jusqu'à Freud et Heidegger en passant par Marx et Nietzsche, pour aboutir aux « déconstruction- nistes français » ou à Schürmann. Elle se renouvelle à chaque fois de fond en comble, et révèle de *nouveaux* problèmes liés à la « pesée » de l'idiome métaphysique hérité sur, précisément, notre pratique et notre habita- tion quotidienne des phénomènes et de l'expérience. Chaque nouvelle génération de « fonctionnaires de l'hu- manité » (Husserl) arrive, au contraire, pour à nouveau refouler la *crise* introduite dans la pensée par Kant, et laisser de nouveau le champ libre à de « nouvelles » onto- logies et à de « nouvelles » métaphysiques, où le *statu quo* éthique et politique, le conservatisme pur et simple et le conformisme subjectif le plus plat, sont de mise.

Autre exemple de « référent hégémonique » qui tente désespérément de s'installer à une époque où une telle *installation* (terme français par lequel Lacoue-Labar- the traduit le *Gestell* de Heidegger) s'avère impossible, et qui est, pour un lecteur de Heidegger et de Schür- mann, l'exemple époqual des exemples, c'est-à-dire l'installation elle-même, c'est-à-dire encore : la *techno- logie*. On imagine le grand *rire* foucaldien sardonique qu'eût opposé Schürmann au messianisme transhuma- niste contemporain, qui promet de *phénoménaliser* plus qu'à son tour les promesses de la métaphysique, notam- ment à son âge classique (Descartes, Leibniz, Spinoza) :

une entité omnipotente, omnisciente, immortelle, intégralement *spirituelle*. Une noosphère totale où nous téléchargerions tous nos âmes pour *isoler* le seul trait de natalité, d'appropriation, de « communisme » littéral, de transparence intégrale de l'information, d'effacement terminal de l'*incongruité* de la finitude. Schürmann eût rétorqué : ouvrez simplement les yeux ; prenez actes des *détraquages actuels* que la technologie provoque d'ores et déjà parmi nous ; observez comme l'élan de natalité qui vous porte vers le fantasme d'un salut intégral par le gigantisme technologique se modalise *déjà* par le trait de mortalité faisant retour dans *toutes* les psychopathologies qui affectent les corps humains singuliers *participant* déjà à la communion technologique planétaire : autismes, schizophrénies, dyslexies, Alzheimer, névroses, suicides, dépressions en tous genres.[1] Si l'accomplissement de la métaphysique, c'est la technologie, alors nous avons *sous les yeux* sa déconstruction, en l'espèce du pathétique de la finitude humaine qui endure la « croix » de la surcharge que produit l'installation technologique sur les consciences singulières, et singular*isées* par là. Le moins stupéfiant n'étant pas, à point nommé, la « candeur », dirait Schürmann, avec laquelle le néo-positivisme officiel ne cesse de nous louer les « progrès » que la techno-science amène à nos conditions, comme la métaphysique elle-même, à ses balbutiements platoniciens, a *installé* la croyance à un progrès continu du savoir qui aboutirait à la « noosphère

---

1 Je me permets de renvoyer à mon *Dieu : la mémoire, la techno-science et le Mal*, Paris, Les Liens qui libèrent, 2017, ainsi qu'aux travaux de Bernard Stiegler, qui gagneraient un jour à être appariés à ceux de Schürmann, tant ils prennent à bras-le-corps les mêmes problèmes.

républicaine » idéale, sans aviser au prix expropriatoire, mortifiant au second degré, tortionnaire, *détraquant*, qu'il y aurait à payer pour cette installation d'une entité (la Totalité technologique) qui n'existe *qu'en dehors de nous*, tel l'Un, Dieu ou le Sujet transcendantal.

Alors appert ce que Schürmann, quoiqu'il ait fini par récuser le terme même d'éthique à la fin de sa vie, entend, moyennant l'appariement de Foucault et Heidegger, par *praxis* anarchique : celle-ci ne promet jamais plus que ce qu'elle peut phénoménaliser, ici et maintenant, en retenant le trait de mortalité, de finitude et d'expropriation qui accompagne tout événement d'appropriation d'un monde comme son ombre (« C'est pour toi que tu fais la révolution, ici et maintenant », disait un slogan de Mai 68). On pense encore au « devenir-minoritaire » de Deleuze. Schürmann lecteur de Foucault « traduit » ce refus de la constitution d'un nouveau référent hégémonico-fantasmatique (« communisme », « miracle technologique », « consensus pragmatique transcendantal » succédant à la « cité parfaite », au « royaume céleste », à la « volonté du plus grand nombre », à la « liberté nouménale et législatrice ») en posant que « la constitution de Soi pourra être publique et, néanmoins, autonome à condition que l'on cesse de rêver à des méga-unités sociales » : telle est, liminairement, la définition du *sujet anarchique à venir*, c'est-à-dire d'une politique du *singulier*.

Voici, à point nommé, comment Foucault exprime en toute netteté son anarchisme, et son refus avant la lettre de ce que Schürmann appelle « fantasme » : « Imaginer un autre système revient à augmenter notre intégration au système présent... Si vous voulez qu'à la place même de l'institution officielle une autre institution puisse remplir les mêmes fonctions, vous êtes déjà pris par la structure dominante » : vous vous apprêtez à remplacer un référent fantasmatique transcendant les phénomènes (ce que Foucault appelle « dispositifs ») par un autre.

Aussi, la nouveauté époquale réelle du « sujet anarchique » (ou transgressif, même s'ils ne se recoupent pas en tous points, comme le montre le commentaire de Schürmann) appert pour être une *réelle* nouveauté : un événement dans « l'histoire de l'être ». C'est elle qui commande à l'archéologie mélancolique que dresse Foucault de ces sujets maudits que l'historiographie officielle a toujours tus : celle des fous, des criminels et des « détraqués » sexuels : c'est *dès son origine* que la métaphysique s'est auto-déconstruite dans ses *rebuts*. Mais il n'est qu'aujourd'hui, comme une bonne part de l'art moderne, de Sade à Guyotat, que sexualité « déviante », criminalité de droit commun et déraison peuvent apparaître pour ce qu'ils sont : des *politiques*, ou des *praxis* d'ores et déjà anarchiques, dont il s'agit désormais simplement de prendre acte (« épouser la discontinuité de l'événement d'appropriation »).

Mais, inversement, on peut risquer la remarque suivante : en redécouvrant les « usages de soi » de l'Antiquité, Foucault voit bien que le sujet constituant n'a jamais existé comme tel : « c'est de l'extérieur que le sujet est fabriqué », et c'est depuis toujours, comme en attestent par l'absurde les criminels, les déviants sexuels et les fous, que « "liberté" et "finitude" [n'ont fait] rien d'autre que de paraphraser "les points d'insertion du sujet" dans un certain dispositif ». Pour un Grec, par exemple, « toute réponse à la question : Que puis-je faire ? demeure inscrite dans des paramètres tels que l'ordre de la maisonnée, les exigences de la diététique, et le choix problématique d'un objet sexuel ». Or, le paradoxe désormais *criant* que nous exhibe Schürmann lecteur de Foucault (paradoxe, pour cela même, forclos avec la dernière violence par la majorité d'entre nous), c'est que, du fait même que jamais l'être humain n'a été, comme le citoyen moderne, autant pris sous l'effet de la « double contrainte normative », jamais il ne lui aura été aussi loisible de « se constituer en sujet anarchique » : « Le *double bind* consiste en ce que la tâche de l'État est d'unifier ses membres dans un corps, tout en organisant chacune des dimensions de l'existence privée. »

À la fin le mot est lâché : le sujet « pratique » tel que nous le configure aujourd'hui Schürmann ne correspond pas simplement à une « déconstruction » de la métaphysique, mot trop « gentil » (comme « différence »), mais bien à un *détraquage* de celle-ci (d'où la thématique « maudite » de la « singularité ») : « Déconstruire la métaphysique revient à interrompre – littéralement à « détraquer » – le passage spéculatif du théorique au pratique. Ce passage, les Anciens le figuraient comme une dérivation de l'éthique et de la politique à partir de la philosophie première, et les modernes, comme une application, dans les métaphysiques spéciales, de la métaphysique générale. » Mais ce démantèlement du théorique et du pratique, que Schürmann opère sur la base de sa lecture de Heidegger, et entérine par instanciations « foucaldiennes », on pourrait montrer, moyennant un long détour, qu'il est, d'une certaine manière, *déjà* à l'œuvre chez le Kant de la seconde *Critique*, quoique à son insu (comme, après tout, l'anarchie aura été l'in-su « émulsionné » du texte heideggerien par les lectures de Schürmann). Après tout, ce que décrit la première *Critique*, c'est un réseau de lois *nécessaires*, dans lesquelles nous sommes toujours-déjà pris ; tout ce nous pouvons faire de mieux, c'est en relever les modalités pour ne pas être victimes des illusions qui se profilent de leur mauvais maniement. Le sujet pratique n'est dès lors *pas*, contre la vulgate qu'en fera un certain XIXᵉ siècle, « Moi en tant que je me constitue comme sujet agissant au milieu d'autres sujets agissants ». Il s'agit déjà de repérer les « points d'insertion du sujet dans un certain dispositif », où « "liberté" et "finitude" [ne font] que paraphraser » cette insertion : car la loi que « pose » le sujet pratique, quoique entièrement contingente, est une loi *intériorisée*, et qui lui vient donc plus qu'à son tour *du dehors*. Et ce qui définit la liberté kantienne, c'est simplement de s'y *soumettre* ; toute la spéculation qui lui succédera (Schelling, Hegel, Nietzsche, Heidegger...) consistera à lui demander : et si la liberté au sens fort, c'était précisément de *transgresser* cette loi arbitrairement reçue ? La loi pratique diffère de la loi théorique en ce qu'elle ne se réfère à rien d'étant, à aucun objet montrable ou entitatif (en ce sens seulement, mais en ce sens entièrement, il s'agit déjà du « sujet sans objet » de Marx) ; autant dire qu'elle est la seule région subjective, la marge étroite des « points d'insertion », où, pour le sujet, il y aille *de son être singulier*, et non plus normatif, comme dans la région purement théorique.

Pour conclure : si la pensée de Schürmann, aujourd'hui comme hier, est fuie de toutes parts, c'est que, plus qu'aucune autre à son époque, elle met en évidence les linéaments ontologiques et phénoménologiques de la *crise* extrême que nous traversons ; elle a laissé loin derrière elle la philosophie comme travail propédeutico-eudémonique, comme fonctionnariat de la « consolation » et de la « consolidation ». La déconstruction, c'est-à-dire le *détraquage*, c'est ce qui nous arrive, ce que nous avons sous les yeux chaque jour que l'absence de Dieu fait : et pourtant le métier métaphysique semble toujours et encore consister à inventer des stratégies plus ou moins sophistiquées de détournement de ces yeux-là. Schürmann nous les rive sur ce qui *est*. Pour le paraphraser : il ne fait pas voir l'autre du visible, tour de passe-passe favori du métaphysicien ; il fait voir autrement le visible. On ne peut plus penser de la même façon après l'avoir assidûment pratiqué ; ce sont nos yeux eux-mêmes qui ont changé ; parfois, comme dans la tragédie, il faut les crever pour *voir*. Telle aura été, après Nietzsche et Heidegger, la grandeur époquale de Schürmann, toujours pas enregistrée par le gros des « professionnels de la profession ».

Gageons qu'à l'aune des cataclysmes présents et imminents qui accablent notre monde de toutes parts, la partie ne sera pas remise longtemps.

Se constituer soi-même
comme sujet anarchique

> « Ce n'est pas le pouvoir, mais
> le sujet, qui constitue le thème
> général de mes recherches. » [1]

Il existe une opinion commune concernant la place du sujet dans l'œuvre de Foucault que lui-même ne s'est pas privé de renforcer. Afin de contourner les invariants tant humanistes que structuralistes, il propose une archéologie-généalogie susceptible de tracer les configurations changeantes du savoir et du pouvoir. Le sujet humain n'est pas exactement absent de ces configurations, mais ce sont elles qui lui assignent une place : une variable dans des régularités discursives, un effet des stratégies de pouvoir. À ajouter foi à cette opinion, ce qui demeure définitivement écarté de l'enquête, c'est le sujet pratique : Moi en tant que je me constitue comme sujet agissant au milieu d'autres sujets agissants.

Il est vrai que, quelle que soit la variante de l'archéologie-généalogie de Foucault que l'on examine, on ne peut pas dire que le Moi pratique s'y porte bien. En tant qu'« homme » dans l'épistémè moderne, il est salué avec un « rire philosophique » [2] et comparé à un « visage de sable » dessiné « à la limite de la mer » dont on peut parier l'effacement imminent. [3] En tant que « faiseur d'événements » originaire, il est détrôné par la découverte de dispositifs épistémiques et de pouvoir, subissant dans l'histoire d'incessantes mutations. « Préserver, contre tous les décentrements, la souveraineté du sujet » n'aura été ainsi, somme toute, qu'une obsession typique du XIXe siècle. Il ne saurait y avoir d'histoire sensée – c'est-à-dire linéaire –, sans que le sujet n'en soit l'agent en même temps que le porteur synthétique de sens. « L'histoire continue est le corrélat indispensable à la fonction fondatrice du sujet. » Rien d'étonnant que quelques larmes coulent lorsqu'on découvre dans la formation du passé des seuils et des ruptures. « Ce qu'on pleure si fort, ce n'est pas la disparition de l'histoire, c'est l'effacement de cette forme d'histoire qui était en secret, mais tout entière, référée à l'activité synthétique du sujet »[4]. Dans ses généalogies des institutions, Foucault essaie de montrer que le sujet conscient de lui-même a été *produit* par la conjonction des forces extérieures, telle la réclusion solitaire, elle-même un résultat de conditions économiques. Dans le premier volume de son dernier projet – l'histoire de la sexualité –, le sujet apparaît de nouveau comme un produit, cette fois-ci de ce que Foucault appelle un bio-pouvoir. Alors, avec larmes et appréhensions, le sujet-lecteur découvre qu'une telle opinion commune ne se démentit nulle part au long de l'œuvre de Foucault : il rit, tandis que nous découvrons que notre souveraineté présumée en tant qu'agents non seulement provient d'un discours surveillé et d'un régime carcéral panoptique, mais aussi qu'elle peut être bientôt balayée. Quelle que soit la perspective archéologico-généalogique, c'est de l'extérieur que le sujet est fabriqué. Cela revient à exclure toute constitution à partir d'une intériorité, toute auto-constitution, soit telle que l'établit le criticisme transcendantal (chez Kant, à travers l'acte d'aperception comme pôle de la spontanéité dans la constitution de l'objet), soit par quelque autre voie.

Il existe une autre opinion commune que Foucault a aussi tout fait pour consolider. Elle concerne le statut même de l'« homme » comme une figure vieille d'à peine trois siècles [5] et déjà sur le point de disparaître. En quel sens l'« homme » peut-il être appelé « une invention de date récente » ? Foucault reprend ici, avec plus de fanfare et de sens ludique, une affirmation soutenue avant lui. [6] Elle a affaire à l'époqualisation de la philosophie occidentale en rapport avec les effets discursifs qu'exerce à chaque époque la langue dans laquelle elle est parlée. Chaque âge-langue aurait été déterminé par un centre postulé de significations auquel tous les phénomènes doivent se référer s'ils veulent faire sens. Dans le contexte grec, ce postulat suprême aura été la nature ; dans l'époque latine et médiévale, Dieu ; enfin, dans le contexte moderne, ce serait l'« homme, ce postulat passager » [7]. La figure de l'homme peut émerger et décliner seulement comme un point focal imaginaire et pourtant ultime. Cette figure est une invention de date récente pour autant qu'antérieurement au XVIIe siècle l'intelligibilité des choses n'était ni recherchée ni construite en relation à un sujet affirmant sa position centrale au moyen du « Je pense ». Dans une telle perspective, c'est seulement en tant qu'il est pour le *cogito* que le monde peut devenir objectif. Ou encore : c'est seulement en tant que l'*ego* se les représente que les choses deviennent des objets, et que la nature, devenue ainsi l'autre du Moi, est prête à être maîtrisée. Les individus, eux aussi, tombent sous le processus général d'objectivation et de maîtrise. On a donc à distinguer entre l'« homme » comme le postulat ultime pour l'organisation époquale, le « Moi » comme effectuant cette recentration et cette maîtrise, et l'« individu » comme objectivé et maîtrisé (à travers, par exemple, les sciences du langage, du travail, de la vie, ou à travers les techniques du pouvoir telles qu'elles sont institutionnalisées dans les asiles, les hôpitaux, les prisons). En d'autres termes, il convient de distinguer entre le sujet époqual, transcendantal et objectivé. Néanmoins, si la généalogie de Foucault consiste à mettre au jour les modes d'objectivation et de domination, il semble que par là même il accomplisse une nouvelle exclusion du champ de cet arrangement appelé modernité : l'exclusion, précisément, du sujet pratique.

En effet, le sujet pratique demeure extérieur aux trois notions de sujet mentionnées, aucune d'elles ne permettant de former des propositions concernant la manière à travers laquelle on *se constitue soi-même* agent d'activités et de pratiques. Toutefois, l'auto-constitution du sujet pratique – dans sa double dimension éthique et politique – prend de plus en plus d'importance dans la pensée de Foucault, même si cela se fait davantage à travers suggestions et déclarations qu'au moyen de développements méthodiques. Par-delà les *ipsissima verba* de Foucault, ce qui demande examen, c'est le statut de la question « Que puis-je faire ? » ainsi que la nature du Je qui se la pose et finalement y répond à travers son action. Une telle question diffère du « Que dois-je faire ? » kantien en deux points décisifs. Conformément au positivisme « au pied léger » de Foucault, le Je ne pourra d'aucune façon désigner l'agent moral autonome, qu'il soit individuel ou collectif (comme lorsque Lénine demande : « Que faire ? »). Le Moi apparaît plutôt comme toujours soumis aux contraintes marquant le dispositif d'une période donnée. Du même positivisme relève encore l'impossibilité qu'il y a à construire quelque « je dois ». Gouvernés que nous sommes par des formations discursives et des effets de pouvoir, nous pouvons tout au plus interroger la place limitée qui est ainsi laissée au sujet pratique dans une situation donnée. Il y a peu de choses qui puissent être faites dans une jonction historique quelconque. Ainsi, « Que dois-je faire ? » est une question qui présuppose beaucoup trop d'autonomie chez le sujet, à savoir l'autonomie de me donner à moi-même une loi morale sous la forme d'une obligation universelle. Un simple structuralisme, en revanche, n'accorde que trop peu de place à l'autonomie du sujet ; le « rire philosophique » du premier Foucault désavoue pour cela la question même de la constitution du sujet pratique. Et pourtant, avec la reconnaissance que son archéologie des ordres épistémiques restait ancrée dans l'épistémè (structuraliste) du jour, est survenue une re-considération des différentes manières dont nous disons Je et transformons ce Je.

Il sera donc nécessaire en un premier temps d'interroger le statut de la question « Que puis-je faire ? » dans une histoire archéologico-généalogique. Il conviendra ensuite d'indiquer quelques exemples paradigmatiques d'auto-constitution à l'intérieur de l'histoire telle que Foucault la raconte. Enfin, nous aurons à nous demander : Que puis-je faire dans la situation historique qui est la nôtre ?

« Que puis-je faire ? » dans une histoire archéologico-généalogique

Dans l'introduction à *L'Usage des plaisirs*, Foucault oppose sa méthode archéologico-généalogique à ce qu'il appelle une « histoire des conduites et des représentations ». Ces récits enquêtent sur des positivités : des données observables en rendant compte de ce que les individus ont effectivement fait, des données imaginaires en cherchant à rendre compte de ce que les individus imaginaient qu'ils faisaient. Il y a de solides raisons pour soupçonner que ce double rejet vise Marx et Freud. Le récit propre à Foucault, par contre, doit tracer les « *problématisations* à travers lesquelles l'être se donne comme pouvant et devant être pensé ». En outre, il veut retracer « les *pratiques* réfléchies et volontaires par lesquelles les hommes cherchent à se transformer eux-mêmes, à se modifier dans leur être singulier et à faire de leur vie une œuvre ». Ayant reformulé sa première archéologie, il lui assigne ces problématisations comme son objet spécifique ; de même, ayant reformulé sa généalogie, il retient ces pratiques comme son enjeu. La strate où se déroule le récit de Foucault demeure donc celle d'un positivisme au second degré : il raconte la séquence, non pas des données sociales et idéologiques elles-mêmes, mais des trames époquales au sein desquelles ces données peuvent surgir. À l'archéologie il revient toujours de tracer les configurations discursives du dispositif époqual, tandis que les configurations extra-discursives relèvent de la généalogie. Toutefois, dans son projet le plus récent, il en demande davantage aux configurations époquales. L'examen des déplacements où la configuration grecque cède devant les configurations hellénistique et romaine, et celles-ci à leur tour à la configuration patristique, manifeste comment les problématisations et les pratiques se conjoignent pour imposer aux individus des systèmes variables de contraintes. Mais Foucault, analysant cette séquence, attend maintenant qu'elle révèle plus que des aperçus sur la naissance de règles épistémiques ou de normes stratégiques. L'archéologie et la généalogie amènent au premier plan « une histoire de la vérité »[8].

Ici encore, nous avons de bonnes raisons de supposer que les ressemblances avec le projet heideggerien d'une histoire de l'être, se dessinant à travers les constellations époquales de la vérité, ne sont pas fortuites. Foucault ne déclare-t-il pas : « Heidegger a toujours été pour moi le philosophe essentiel »[9] ? Le terme même de « problématisation » reprend un terme technique de Heidegger pour interroger des données transmises par la tradition – en l'occurrence, les branches de la métaphysique spéciale – interrogation exigeant un pas en arrière par rapport aux données. Même avant d'essayer de tracer une « histoire de l'être », Heidegger avait indiqué la nécessité de ce pas en arrière dans le titre même de son ouvrage *Kant et le problème de la métaphysique*. Faire de la métaphysique un problème, la problématiser, c'est questionner les conditions, les fondements, qui la rendent possible. De façon analogue, pour Foucault, se placer en retrait par rapport aux données sociales et idéologiques et les faire paraître problématiques pour leur âge, c'est interroger la constellation de vérité où elles s'inscrivent. Cela dit, il ne fait, me semble-t-il, qu'un usage rhétorique du pas supplémentaire qui, chez Heidegger, conduit de la vérité comme réseau époqual au sein duquel les choses sont données, à la « donation » elle-même. En tout cas, il n'enchaîne pas sur sa remarque d'après laquelle, à travers les problématisations reçues, c'est « l'être qui se donne ». L'histoire qu'il raconte n'est pas pour autant une simple concaténation de faits matériels et représentationnels. C'est l'histoire de la vérité des faits, « vérité » entendue comme constituée par l'intersection des stratégies de discours et de pouvoir. Leurs effets se manifestent discursivement dans ce que l'on trouve comme n'allant pas de soi dans son époque, dans ce que l'on trouve problématique. En ce sens, certains plaisirs deviennent problématisés dans des enseignements moraux. Mais les effets de discours et de pouvoir se manifestent aussi, d'un point de vue pratique, dans la façon dont les individus les utilisent pour façonner leurs vies. Ainsi les mêmes actes de plaisir rentrent dans les « arts de vivre » par lesquels un homme libre dans l'Antiquité confère à son existence un certain style. L'histoire de la vérité peut être racontée dans la mesure où l'on y découvre une séquence de mises en question et de pratiques, ainsi que des déplacements à l'intérieur de la séquence. Ce réajustement de la méthode amène au premier plan le sujet agissant. Où la constellation de vérité devient problématique et où cette mise en question se traduit en pratique, là aussi se produit une « histoire du sujet »[10].

Dès lors que les limites à l'intérieur desquelles nous sommes inscrits deviennent problématiques et sollicitent une pratique délibérée, la question « Que puis-je faire ? » a trouvé sa réponse. Par là même le statut de cette question dans une histoire archéologico-généalogique se fait explicite : la question concerne directement les limites imposées à une époque par le dispositif dominant du savoir et du pouvoir. Ici le sujet qui dit « Je » diffère de l'« homme », de l'« ego » et de l'« individu » tels qu'ils ont été définis. Il diffère également du Je illusoire en tant qu'« auteur ». Le sujet problématisant et pratique rend manifeste la clôture dans laquelle il est placé. En reconnaissant cela, Foucault « a déjà mis en question le caractère absolu et le rôle fondateur du sujet ». Nulle profondeur d'un soi originaire ne s'exprime à travers ces problématisations et ces pratiques. Vouloir confirmer le sujet souverain – *auctor* originaire ou détenteur de l'*auctoritas* de la responsabilité et du prestige – est dépourvu de pertinence. Quelles scrutations du sujet sont alors pertinentes ? Celles-là seulement qui thématisent son insertion dans un ordre époqual. Une première question pertinente concerne les ouvertures qui rendent possibles les problématisations et les pratiques : « Quels sont les lieux discursifs faisant place à d'éventuels sujets ? » Telle est la question clef pour toute investigation concernant ce qui pouvait ou peut être fait dans une époque donnée. Le vieux thème de la liberté ainsi que le thème plus récent de la finitude deviennent collatéraux par rapport aux différentes topographies époquales, « liberté » et « finitude » ne faisant rien de plus que de paraphraser « les points d'insertion du sujet » dans un certain dispositif. Une autre question pertinente concerne la possibilité de faire siennes des instances de discours et de pouvoir : « Qui peut se l'approprier (le discours) ? » Ou, dans le contexte grec des actes de plaisir : Qui peut posséder, qui pénétrer, sans faire de sa vie quelque chose d'inesthétique, de laid (comme c'est le cas quand un homme libre « est sous » un esclave) ? Dans le contexte moderne, n'importe qui ne peut pas parler en médecin, psychiatre, juge ni s'arroger les actes correspondants. Une autre question encore a à faire avec la latitude de l'espace laissé ouvert pour une constitution de soi allant jusqu'aux limites données, puisque cet espace varie selon l'emplacement propre de chacun au sein d'un dispositif : « Qui peut remplir ces diverses fonctions de sujet ? »[11].

Dans une histoire archéologico-généalogique, la question « Que puis-je faire ? » n'a pas seulement le statut positif par suite duquel les réponses qui lui ont été données ne peuvent être reconstruites qu'au moyen d'un récit (discontinu). Le statut de cette question est encore heuristique. Dans les enjeux que les hommes soulèvent à propos d'un comportement qui ne va pas de soi s'annoncent les limites d'une époque.

Mais ce statut n'est pas d'ordre ontologique pour autant : aussitôt énoncée, la référence à l'être, chez Foucault, est abandonnée. Les limites d'une époque ne sont pas déterminées par un « destin de l'être » (Heidegger). La recherche n'est pas non plus d'ordre transcendantal puisque la question ici ne se rapporte pas au je « dois » mais au je « peux ». Recherche quasi-transcendantale, cependant, dans la mesure où elle se rapporte au réseau de contraintes qui conditionne une époque et qu'elle s'enquiert des points d'insertion possible. Lorsqu'on se demande : « Que puis-je faire ? », on ne s'interroge ni sur les étants factuels ni sur l'être en tant que tel, mais sur ce domaine intermédiaire où se succèdent les ordres des choses, ordres qui se manifestent à travers des conduites problématisées. Bien que Foucault appelle cette diachronie d'ordres une « histoire de la vérité », la vérité n'est ici rien qui dure. C'est le mode de connexion des phénomènes constituant un réseau époqual. Un sujet peut toutefois se constituer lui-même en accord avec la vérité de l'époque, synchroniquement ouverte. Selon la latitude accordée par l'époque, il peut s'implanter dans l'espace ainsi laissé ouvert à la constitution de soi. Il peut s'approprier les figures de discours et les effets de pouvoir en vigueur, ou encore les combattre ; il peut, ou peut ne pas, assumer ces fonctions-là de sujet. À travers l'intervention discursive, il peut aussi faire sentir à ses contemporains la dure loi d'inclusion et d'exclusion.

Si le statut de la question : Que puis-je faire ? se détermine par l'histoire de la vérité ainsi comprise, alors on souhaiterait savoir si oui ou non – peut-être à certains tournants de l'histoire – il est possible non seulement de thématiser, mais encore de lutter contre les lieux d'insertion dans une succession de dispositifs. Quelles sont quelques-unes des formes passées de la constitution de soi ? Aussi : Comment, aujourd'hui, puis-je me constituer en tant que sujet pratique ? Se pourrait-il que la situation contemporaine nous permette justement de contester en pratique la prémisse même d'insertion dans un dispositif ?

Quelques formes passées d'auto-constitution

Dans son plus rigoureux travail sur un texte – sa lecture des lignes concernant la folie dans les *Méditations* de Descartes – Foucault distingue deux trames textuelles : l'une démonstrative, l'autre ascétique. Sans la stratégie démonstrative, le texte de Descartes ne formerait pas un système de propositions, de même que sans la stratégie ascétique, il ne saurait s'agir d'une méditation. D'après la première manière de lire, le sujet n'est pas impliqué ; lire, alors, c'est suivre la séquence d'événements discursifs, connectés par des règles formelles pour s'articuler en un raisonnement. D'après la seconde, en revanche, « le sujet passe de l'obscurité à la lumière ». Quel sujet ? Celui qui se détermine lui-même. « Dans la méditation, le sujet est sans cesse altéré par son propre mouvement, son discours suscite des effets à l'intérieur desquels il est pris ; il l'expose à des risques, [...], produit en lui des états, et lui confère un statut ou une qualification dont il n'était point détenteur au moment initial. Bref, la méditation implique un sujet mobile et modifiable par l'effet des événements discursifs qui se produisent »[12]. Les événements discursifs en question sont des événements-textes, mais la motilité qu'ils entraînent, s'ils constituent une méditation, se produit en dehors du texte, dans le sujet méditant. Les deux stratégies, analytique et ascétique, se rencontrent en « moi » qui médite.

Elles s'y croisent en chiasme. L'enjeu, dans la discussion de Foucault, concerne la possibilité même de la démarche cartésienne : la folie rendrait le sujet incapable d'effectuer une méditation démonstrative, et, plus spécifiquement, de se constituer comme doutant universellement. Ce qui est pertinent pour la question du sujet pratique, c'est que la vérité énoncée par la séquence d'événements discursifs doit *affecter* le lecteur au cours d'un exercice concret. La folie est à exclure au fur et à mesure que progresse la méditation de Descartes puisque, s'il était fou, il s'en trouverait incompétent pour subir l'épreuve du doute. Cela ne signifie pas que la folie soit également exclue de la trame démonstrative ; mais là elle apparaît comme un objet de savoir, non comme une menace paralysant celui qui médite dans son itinéraire allant de l'opinion au doute, puis à l'intuition.

Or, la distinction entre système et exercice introduit le sujet pratique à cette jonction même de l'histoire, dans laquelle l'archéologie du discours aussi bien que la généalogie du pouvoir semblaient l'avoir *démasqué* : l'archéologie, comme une simple variable dans des arrangements épistémiques de courte durée, et la généalogie comme un effet des techniques de pouvoir à la vie également brève. Ainsi, à l'aurore même de la modernité, alors que l'homme est censé se placer au centre épistémique et objectiver toutes choses autour de lui, y compris lui-même en tant qu'individu, le sujet pratique s'affirme simultanément, et cela nullement par hasard ou par accident. Le propos de Foucault, lisant Descartes, est précisément que le *cogito*, pour être établi dans son suprême rôle époqual, requiert une méditation. Il requiert une stratégie textuelle faisant appel à un lecteur mobile et changeant, et partant à un sujet se constituant lui-même au cours d'un exercice (*askesis*) – à un sujet pratique, donc. Quelle est la nature du Moi ascétique, pratique ? Pourquoi devient-il nécessaire au moment où le « Je pense » établit sa suprématie ?

La nature du Moi pratique ainsi que le processus de son auto-constitution ne peuvent pas tomber sous le critère cartésien de la vérité.

Il ne peut pas être perçu clairement et distinctement. Ce n'est pas quelque chose qui se donnerait avec l'intuition du « Je pense – Je suis ». Par contraste avec le Moi pensant, le Moi pratique n'est ni simple ni absolu, mais « mobile » ; ce qui revient à dire qu'il ne peut pas servir de principe. La méthode déductive ne le rencontre ni comme le point de départ d'un argument ni comme une conclusion. Le sujet pratique n'est ni identique à ce qui se donne originairement – le *cogito* –, ni dérivé de lui, et il n'en est pas non plus « réellement distinct » comme l'est le corps. Il ne tombe pas sous l'alternative de la substance pensante et étendue. Cela résulte du contraste, qu'adopte Descartes de l'usage non philosophique, entre *dementia* et *insanitas*. Le premier est un terme juridique, le second un terme médical. Être dément, c'est-à-dire sans *mens*, disqualifie quelqu'un comme agent responsable d'actes devant la loi. Être *insanus*, d'autre part, c'est-à-dire sans santé, exige des interventions sur son corps. Seuls les déments sont des personnes dérangées dans leur *unio compositionis* de substances pensante et étendue. Ce que Descartes exclut afin de pouvoir poursuivre sa méditation, c'est la *dementia*. « Mais quoi ? ce sont des fous, et je ne serais pas moins extravagant *(demens)*, si je me réglais sur leurs exemples » [13]. Une fois établi dans sa souveraineté, le *cogito* sert de point de départ pour toutes les démonstrations. Mais il ne peut pas en retour être démontré. Il ne peut s'établir que moyennant une série d'exclusions. Qui est l'agent de pareilles exclusions ?

Ni le Moi intuitionné avec certitude ni le Moi composé d'un corps et d'une âme. L'agent de l'exclusion ne saurait être que le Moi méditant. Sa nécessité systématique résulte de la façon même dont le *cogito* peut être assuré, à savoir par une intuition. Descartes s'entraîne à cette intuition. D'où la nature du Moi pratique : non pas une donnée, mais quelque chose d'auto-donné à travers le processus de méditation – Moi en tant que je me constitue moi-même comme ayant toute ma *mens*. Le Moi pratique n'est ni une substance, ni une union de substances, mais entièrement un acte, une pratique. Comme tel, ses auto-altérations font plus qu'accompagner le discours démonstratif ; elles libèrent le terrain pour que l'intuition « Je pense – Je suis » puisse se produire.

La stratégie de Foucault, en établissant (contre Derrida) [14] l'extériorité de la folie, satisfait, entre autres, à un réquisit heuristique. Elle révèle que le statut de la question : « Que puis-je faire ? », ainsi que celui du sujet pratique qui y répond, reste l'extra-territorialité. Le sujet « mobile et modifiable » occupe un territoire autre que le sujet du raisonnement syllogistique. Mais raisonner est sa manière propre d'agir sur lui-même. À travers sa méditation démonstrative, Descartes se constitue lui-même comme un sujet rationaliste.

Le projet de Foucault avait été d'analyser des modes plus récents d'auto-constitution pratique. Après son volume d'introduction à l'*Histoire de la sexualité*, il avait projeté d'étudier de quelles manières ce qui est aujourd'hui appelé « sexe » a été investi tant d'un pouvoir manifeste illimité que d'une insondable profondeur de signification – de quelle façon, en somme, il est devenu « sexualité ». Cela a eu lieu pendant le XIXᵉ siècle (et puisque le mot « sexualité » a été lui-même frappé au début du XIXᵉ, le titre général de la série fut et demeure aussi ambigu que le précédent titre *Histoire de la folie* : ici et là, la thèse de Foucault étant précisément que ni la folie ni la sexualité ne sont des essences permanentes). Pour l'archéologue du discours, la sexualité au XIXᵉ siècle était un sujet en or, puisque personne n'en parlait plus que le maître d'école victorien ou que le prêtre confesseur. Pour le généalogiste du pouvoir, l'intérêt n'était pas moindre, puisqu'elle lui permettait de s'attaquer aux clichés concernant la répression propre au siècle dernier et la libération propre au nôtre. En effet, les « technologies » du sexe suggèrent que dans les sociétés modernes le pouvoir n'opère plus conformément au modèle de la monarchie et de ses lois, mais de manière productive, au moyen de mécanismes multiples, à travers « une trame subtile de discours, de savoirs particuliers, de plaisirs, de pouvoirs ». Le généalogiste devait concevoir « le sexe sans la loi, et le pouvoir sans le roi » [15]. Pour ce qui est des technologies particulières d'après lesquelles nous nous constituons nous-mêmes comme sujets de sexualité, elles devaient être quatre : l'hystérisation des femmes, l'onanisme infantile et les moyens tactiques de le combattre, la psychiatrisation des perversions et la socialisation des conduites procréatrices. [16]

Les trois volumes effectivement écrits – dont deux publiés – se présentent différemment. Foucault y analyse ce que dans une phrase récurrente il appelle « la façon dont il convenait de se gouverner soi-même pour pouvoir prendre sa place parmi les autres… et en général se situer dans le jeu complexe et mobile des relations de commandement et de subordination » [17]. L'auto-constitution du sujet moral et éthique est tracée, en autant de volumes, à travers Grecs classiques, Romains et premiers Chrétiens. Par là Foucault remédie à son désintérêt préalable envers tout ce qui était prémoderne, et il étend la méthode archéologique et généalogique. Elle sert désormais à « rechercher les formes et modalités dans lesquelles chacun se rapporte à soi-même, c'est-à-dire dans lesquelles l'individu se constitue et se reconnaît comme sujet »[18]. Ces trois volumes retracent en détail comment dans l'Antiquité et jusqu'aux Pères de l'Église, le soi pouvait se façonner à travers des pratiques variables. Ils décrivent comment l'individu pouvait se situer à l'intérieur d'un réseau discursif et d'une grille de pouvoir. Pour chacun des trois moments historiques examinés, ils répondent avec maints détails à la question : Que puis-je faire ?

Ce qui d'emblée frappe le lecteur, c'est, en effet, l'inadéquation du concept générique de « sexualité ». Pour les Grecs, la représentation directrice pour le façonnement de soi était plutôt celle de l'usage des plaisirs *(cheris aphrodision*, cf. Platon et Aristote) ; pour les Romains, un apprentissage plus sévère de la joie *(disce gaudere*, cf. Sénèque) ; et pour les premiers Chrétiens, la chair *(sarx*, cf. Saint-Paul). Foucault rejette ainsi tout concept unitaire de la sexualité. Il recherche des relations changeantes entre « le sujet comme acteur sexuel » et « les autres domaines de la vie où il exerce son activité »[19]. Pour les Grecs, toute réponse à la question : Que puis-je faire ? demeure inscrite dans des paramètres tels que l'ordre de la maisonnée, les exigences de la diététique, et le choix problématique d'un objet sexuel – trois domaines impliquant des relations de pouvoir, et où le sujet doit imposer sa maîtrise. Le déplacement vers le contexte romain n'ajoute aucun facteur décisif à cette triple suprématie de l'homme libre ; la nouvelle aire affecte plutôt « la manière dont l'individu doit se constituer comme un sujet moral… Le sujet doit assurer sa domination ; mais… l'accent est mis de plus en plus volontiers sur la faiblesse de l'individu, sur sa fragilité... »[20]. Dans les premières formes du monachisme, ces facteurs changent encore une fois ; et avec eux, la forme de maîtrise. La lutte incessante du sujet monastique cherchant à se constituer comme sujet moral vise à la parfaite chasteté.

Ce qui frappe surtout dans ces volumes est le concept même de l'auto-constitution subjective, lequel tourne ici en un invariant.[21] Il y a le mode grec, latin, proto-chrétien – et, faudrait-il ajouter, proto-moderne, cartésien – d'auto-constitution pratique. Le déterminant sexuel n'est certes pas un trait permanent du sujet pratique tel que le révèle la méthode archéologico-généalogique (que Foucault est loin de répudier dans ses volumes sur la sexualité) ; la recherche de la « maîtrise », en revanche, persiste diachroniquement. De la domination du citoyen grec et du magistrat romain sur leurs familles et leurs amants au contrôle des Pères de l'Église sur « l'esprit de fornication » et jusqu'à l'exclusion de la folie par Descartes, une ligne claire se dessine qui exhibe la violence comme un trait permanent dans l'auto-constitution du Soi occidental, au moins depuis l'Antiquité jusqu'à la modernité naissante. Aussi cette ligne accuse ce qui apparaît comme une prémisse implicite dans les écrits plus récents de Foucault, à savoir que la tâche et la possibilité de façonner le Soi restent des constantes. Malgré les ruptures nombreuses produisant « des déplacements, des réorientations, des infléchissements d'accentuation »[22] dans les manières dont les hommes ont été capables d'agir sur eux-mêmes, le sujet pratique n'est pas une figure époquale, liée à un âge particulier de notre histoire. Au contraire, toujours et partout il est appelé à s'implanter dans le lieu étroit et variable laissé ouvert par les constellations discursives et les effets de pouvoir du jour. Il reste à examiner si la violence du gain de maîtrise caractérise aussi ce qui peut être fait à l'âge de la modernité finissante – le nôtre.

Au risque de paraître trop systématique : en retraçant les modes successifs du Soi pratique, il convient de parler de la constitution *éthique* du sujet, uniquement dans le contexte grec. Originairement, *Ethos* désigne le lieu d'habitation. Les trois domaines à travers lesquels Foucault décrit la pratique grecque sur le Soi – la diététique, l'économique et l'érotique – reviennent en effet à autant de lieux d'implantation du soi. Le régime des plaisirs situe quelqu'un à l'égard de son corps ; la modération dans l'autorité sur les membres de la famille et sur les esclaves le situe à l'intérieur de sa maisonnée ; le respect pour un éphèbe courtisé – ou, à l'inverse, la maîtrise de soi chez l'éphèbe se rendant à son amant – détermine la réputation du sujet et le situe dans la cité. Situations corporelle, domestique et politique qui font l'enjeu originellement éthique. Le terme « moral » signifie plus strictement la latitude qu'a un Romain de façonner son Soi. Parler des *mores* (coutumes, usages, conduite) implique une plus grande anxiété concernant la place des plaisirs, avec, dans la littérature médicale et philosophique, une nouvelle insistance sur les contraintes et l'austérité, que ne connotait pas le terme grec. L'auto-constitution signifie toujours le positionnement du Soi, mais l'accent est placé davantage sur la culture prudente des dispositions naturelles d'un chacun : sur la culture du Soi dans le sens du *colere* : « tendre » et « être attentif à ». De façon analogue, le sujet « ascétique » est spécifiquement celui qui se travaille au moyen des technologies chrétiennes anciennes. Enfin, si la pratique d'une méditation démonstrative est à lire comme paradigmatique pour le temps de Descartes, alors le sujet « rationnel » se produit par un style d'exercice propre à la modernité naissante. Cette époqualisation des figures éthique, morale, ascétique et rationnelle de la pratique sur soi ne doit évidemment pas être prise de façon rigide. Néanmoins, et bien que Foucault ne les isole pas, traiter ces termes comme vaguement synonymes aurait comme résultat de brouiller les déplacements mêmes dans l'histoire que toutes ses investigations étaient censées dramatiser.

Le terme que Foucault revendiquera pour notre propre site historique est le plus générique de ceux mentionnés, *askesis* : « exercice » ou « entraînement ». Augustin l'avait rendu par *exercitatio*. Dans une société qui tend vers une uniformité globale, l'ascétisme va cependant désigner quelque chose d'autre que la maîtrise des appétits dénotée par le mot grec ; quelque chose d'autre encore que la culture de l'intériorité, qu'accentuait son équivalent latin. Chacun des phénomènes désignés par ces anciens concepts s'accompagne d'une angoisse spécifique. Pour l'*eromenos*, c'était l'angoisse de se soumettre sexuellement, comme des femmes et des esclaves, alors qu'on appartenait à la catégorie des hommes libres ; pour l'*erastes*, elle provenait du fait même du désir physique alors qu'on instruisait l'âme. Pour un chrétien des premiers temps elle provenait, selon les termes d'Augustin, de la dialectique du repos : le cœur ne connaîtra de repos tant qu'il n'aura pas trouvé ce qu'il cherche ; mais il ne chercherait pas à moins d'avoir déjà trouvé son repos. De même dans la configuration contemporaine, l'*askesis* s'accompagnera encore d'une angoisse. La localiser aidera à spécifier l'ascétisme générique. Cette spécification deviendra manifeste à mesure qu'on décrit les luttes à travers lesquelles les sujets peuvent s'auto-constituer aujourd'hui.

Que puis je faire dans une société isomorphe ?

« Il n'y a pas une seule culture au monde où il soit permis de tout faire »[23]. À partir de quelques virages décisifs dans notre histoire, Foucault a analysé les limites toujours mobiles du champ qui a déterminé d'avance ce qu'il nous a été possible de faire. Il a cartographié les forces discursives et extra-discursives assignant les sujets à une résidence surveillée, où ils pouvaient se constituer eux-mêmes. Ces forces hétéronomes circonscrivent étroitement le champ de la constitution autonome de soi. On ne peut pas s'empêcher d'enquêter sur l'actuelle constellation d'hétéronomie et d'autonomie possibles : Qu'est-ce que ces forces nous permettent de faire dans le contexte contemporain ? Foucault n'a pas entièrement négligé de soulever cette question, encore que de façon plutôt programmatique. Il affirme : « Il nous faut promouvoir de nouvelles formes de subjectivité... »[24]. Cela implique une lutte qui puisse conjoindre diverses stratégies.

Dans le sujet, ainsi que Kant l'a déjà reconnu, des stratégies de constitution tant hétéronomes qu'autonomes se croisent. Seulement, l'archéologue-généalogiste ne croit plus que l'auto-législation puisse éventuellement être universelle. Il a par conséquent à indiquer des modes possibles, dans le contexte contemporain, d'auto-formation ou de *subjectivation* qui soient aussi positifs que les modes d'hétéro-formation ou de *sujétion*.

La conjonction des stratégies constitutives est ici plus complexe que ne laisse supposer le criticisme transcendantal, dès lors que toutes les forces de sujétion ne s'imposent pas au Soi de l'extérieur comme le font la domination sociale et l'exploitation économique. Celles-ci n'ont certes pas exactement disparu du monde occidental. Mais de nouvelles formes de sujétion, intérieures bien qu'hétéronomes, sont apparues et s'offrent comme la cible des luttes engagées aujourd'hui. Ce sont les voix hétéronomes qui nous disent notre identité. Apprendre des sciences humaines qui et quoi nous sommes, nous reconnaître dans leur *dicta*, c'est intérioriser un pouvoir sous forme de savoir. En effet, en disant – en reconnaissant, en confessant – « Voilà ce que je suis », le sujet s'objective à l'intérieur de lui-même. En tant qu'objectivation cognitive, l'hétéronomie intérieure illustre le postulat moderne de la position centrale de l'homme dans le réseau épistémique ; en tant que sujétion sous un pouvoir, elle illustre la version moderne de la recherche de domination – jusqu'à présent, on l'a vu, le seul trait qui couvre diachroniquement toute notre histoire. L'identité de Soi, sans cesse invoquée, résulte ainsi d'une sujétion intériorisée quoique hétéronome. L'identité de Soi est l'objectivation de Soi acceptée et renforcée comme auto-sujétion.

Un chiasme comparable caractérise la possible formation de Soi ou subjectivation. Une subjectivation extérieure, encore qu'autonome (pour Kant, une contradiction dans les termes), est le nerf même de ce que Foucault a à dire sur la lutte pour une nouvelle subjectivité. Le citoyen de la *polis* grecque, le Romain cosmopolite, le membre de la Cité de Dieu de la chrétienté primitive, les communautés protestantes de la Réforme, Descartes comme porte-parole de la communauté rationaliste moderne naissante (à laquelle il propose l'exercice de la méditation), Kant comme porte-parole du mouvement des Lumières[25], tous constituent leur subjectivité dans la sphère publique. Leur autonomie est une possibilité rendue concrète à travers des institutions et des réseaux : le *bouleuterion*, le *comitium*, les destinataires d'instructions comme celles de Cassien[26], les assemblées des églises réformées, le public des correspondants de Descartes (Mersenne, Bérulle, Christine), le « public lecteur » de Kant. Dans aucun de ces cas, le Soi ne se constitue en dehors d'un monde. Ce n'est pas le Soi décontextualisé de l'intériorité, mais un Soi qui devient autonome en faisant siennes les possibilités offertes dans son étroite sphère de liberté, telle qu'elle est époqualement ouverte. À suivre Foucault dans son analyse des pratiques discursives, puis des techniques du pouvoir, et, enfin, des modes de subjectivation ou de constitution de Soi, on se tromperait du tout au tout en soupçonnant quelque retrait topique vers la vie intérieure. En réalité, l'intériorité tant chrétienne que post-chrétienne s'avère avoir été déterminée par des facteurs hétéronomes, mais intériorisés, ainsi que par des facteurs autonomes, mais extérieurs. Aussi, dans la constellation contemporaine de modes possibles de la constitution de Soi, le Soi tel que l'analyse Foucault apparaît tout entier inscrit dans les luttes publiques.

De nouvelles formes de subjectivité, écrit Foucault, peuvent être promues aujourd'hui à travers des luttes contre « les effets de pouvoir en tant que tels ». Il donne des exemples et énumère quelques-uns des traits qu'ils ont en commun. Voici ces exemples : l'« opposition au pouvoir des hommes sur les femmes, des parents sur leurs enfants, de la psychiatrie sur les malades mentaux, de la médecine sur la population, de l'administration sur la manière dont les gens vivent »[27]. Ou, dans une autre énumération de cibles : « L'autorité familiale, le quadrillage que la police exerce sur la vie de tout homme, l'organisation et la discipline des lycées, ou cette passivité qu'impose la presse »[28]. Ces listes décrivent des formes de domination particulières et éparses. Plus décisifs sont les traits d'après lesquels la subjectivité peut se constituer à travers ces luttes. Ici encore, il est nécessaire d'aller au-delà des remarques occasionnelles de Foucault et d'examiner ces traits dans la perspective de la recherche de maîtrise. Des formes grecques aux formes modernes de la constitution de Soi, la nécessité de s'assurer la domination est apparue comme une constante. Gagner et maintenir l'ascendant sur la maisonnée, sur le corps, sur la folie s'est avéré être le trait majeur reliant les diverses techniques pour façonner le Soi. Les effets de pouvoir ne se produisent jamais sous la forme d'universaux. Prises abstraitement, ni l'autorité ni la maîtrise ne figurent parmi eux. On doit plutôt se demander : se pourrait-il qu'aujourd'hui la maîtrise constitue un trait majeur, non plus des *buts* de la constitution de Soi, mais, au contraire, des *obstacles* à surmonter ? Cette hypothèse s'examine au mieux en la mettant à l'épreuve selon les deux lignes de la sujétion et de la subjectivation.

Les luttes énumérées s'adressent à des modes proprement contemporains de collusion entre le pouvoir et le savoir. En ce sens, elles servent d'exemples d'une résistance, aujourd'hui possible, contre la *sujétion*. On s'y oppose aux instances de connaissance s'arrogeant le pouvoir de faire le point sur nous. Le « voilà ce que tu es » sortant de la bouche de l'expert. Foucault le place en parallèle avec les prétentions cognitives concernant les postulats suprêmes dont l'« homme » pourrait bien être le dernier. L'éducateur, le psychiatre, le médecin, semblables en cela au métaphysicien spéculatif, postulent une évidence qui, en tant qu'évidence, ne peut être que coercitive. Une vérité experte – « N'oublie pas que tu n'es qu'un adolescent », ou « une femme », ou « un névrosé » – s'impose d'elle-même. La preuve de son pouvoir réside dans le degré d'assentiment et d'intériorisation que ces vérités engendrent. Tel était aussi le régime des référents époquaux ultimes. Ils donnaient à la cité son ordre, et au sujet son centre. Un argument *a contrario* pour démontrer cette affinité formelle entre les prétentions cognitives de l'expert et les postulats métaphysiques peut se formuler à partir de l'agent de sujétion le plus évidemment hétéronome : la loi positive. Son destin n'est probablement pas le même aujourd'hui sur le continent européen et sur le continent américain. Dans le Nouveau Monde, une assertion telle que « C'est la loi » reste assurée d'un degré d'intériorisation et, partant, de fétichisation entièrement perdues dans le Vieux Monde. Qui n'accorderait pas à Foucault que « seule une fiction peut faire croire que les lois ont été faites pour être respectées... L'illégalité est un élément absolument positif du fonctionnement social dont le rôle est d'avance inclus dans la stratégie générale de la société »[29] ? Les instances de référence suprême varient d'un contexte à l'autre. Pour les luttes en question, la tâche élémentaire consiste alors à détecter ces fétiches artificiellement dotés de suprématie, et à révéler comment le savoir et le pouvoir se conjoignent en eux pour assujettir le sujet.

Quelles formes de *subjectivation*, c'est-à-dire de constitution de Soi, sont possibles aujourd'hui ? Foucault a hésité à en nommer aucune, préférant invoquer « le droit à la différence » et nous inciter « à imaginer et à construire ce que nous pourrions être »[30]. Mais il n'est pas difficile de dégager l'orientation générale implicite à son raisonnement. Pour y voir clair, il convient de distinguer entre individualisme et anarchisme.

L'État moderne, écrit-il, a placé ses citoyens sous une double contrainte. « Jamais... dans l'histoire des sociétés humaines... on n'a trouvé, à l'intérieur de mêmes structures politiques, une combinaison aussi complexe de techniques d'individualisation et des procédures totalisatrices »[31]. L'individualisation désigne non seulement la condition atomisée de la vie dans les sociétés modernes, mais encore, plus radicalement, l'exposition immédiate et intime de chaque individu à l'État. L'origine de l'État-providence dans le souci chrétien pour les âmes a été notée avant Foucault. De même que l'Église était présente à la conscience de chacun, l'État dans les régimes libéraux est présent à la vie de chaque individu. Avec l'institution des démocraties, « le pouvoir de type pastoral... s'est tout à coup étendu à l'ensemble du corps social ». Le *double-bind* consiste en ce que la tâche de l'État est d'unifier ses membres dans un corps, tout en organisant chacune des dimensions de l'existence privée. Sous ces conditions – c'est-à-dire si le lien organisationnel-totalisateur accompagne de fait et nécessairement le lien atomistique-libéral – la constitution de Soi ne peut pas signifier purement et simplement un individualisme développé à outrance. Cela est déjà manifeste au niveau culturel : il n'y a pas plus sûre formule pour garantir l'isomorphisme social que d'appeler tout un chacun à sa particularité. Revendiquant sa personnalité unique – sentiments, goûts, styles de vie et croyances –, chacun fait très précisément ce que font tous les autres et contribue ainsi à promouvoir l'uniformité dans l'acte même de la nier. Aussi, à l'individualisme Foucault va-t-il opposer l'anarchisme : « Le problème à la fois politique, éthique, social et philosophique qui se pose à nous aujourd'hui n'est pas d'essayer de libérer l'individu de l'État et de ses institutions, mais de nous libérer *nous* de l'État et du type d'individualisation qui s'y rattache »[32].

La constitution de Soi pourra être publique et, néanmoins, autonome à condition que l'on cesse de rêver de méga-unités sociales. « Imaginer un autre système revient à augmenter notre intégration au système présent... Si vous voulez qu'à la place même de l'institution officielle une autre institution puisse remplir les mêmes fonctions, mieux et autrement, vous êtes déjà repris par la structure dominante. » Le réformisme appartient au même conglomérat de phénomènes que l'individualisme, le libéralisme, le totalitarisme. Si l'on se souvient, en outre, de ce qui a été dit à propos de l'« homme », « ce postulat passager », on doit ajouter l'humanisme à ce conglomérat ; de même, en se rappelant la genèse de l'État moderne à partir des technologies chrétiennes du contrôle de l'âme, on doit y ajouter aussi le spiritualisme. Toujours, la constitution de Soi, quoique intériorisée, demeure hétéronome. Ce qui émerge comme le geste d'une constitution autonome de Soi, aujourd'hui possible, c'est le combat polymorphe contre les totalités sociales. « *L'ensemble de la société* est ce dont il ne faut pas tenir compte, si ce n'est comme de l'objectif à détruire »[33]. Les luttes évoquées « sont des luttes anarchiques ». Ce qui les rend telles n'est pas seulement l'intention de briser les totalités, mais plus essentiellement leur nature polymorphe, sporadique, « transversale », « immédiate »[34].

Foucault n'est pas moins explicite en ce qui concerne le discours philosophique possible aujourd'hui, ainsi que le statut de ses propres écrits. De la philosophie, si elle est vivante, il dit qu'elle revient à « une ascèse, un exercice de soi, dans la pensée ». En d'autres termes, comme chez Descartes, philosopher serait l'activité même du sujet pensant en tant qu'il se constitue lui-même. Cependant, étant donné la perte de l'ego capable de centrer la totalité des phénomènes sur l'acte « Je pense », le sujet qui peut se façonner lui-même aujourd'hui à travers un exercice ascétique ne sera plus le sujet rationaliste. Ses démarches de pensée ne produiront pas non plus une méditation. Elles produiront plutôt un « essai ». Ce genre littéraire, « il faut l'entendre comme épreuve modificatrice de soi-même dans le jeu de la vérité ». Foucault ajoute que ses propres écrits reviennent précisément à ce genre d'exercice. Ils ont signifié une épreuve et ont requis de l'ascèse dans la mesure où il s'y agissait de « penser autrement ». Il envisage donc l'entier corpus de ses études, celles sur la sexualité, « tout comme d'autres que j'avais entreprises auparavant », comme le « protocole d'un exercice ». La tradition philosophico-ascétique ainsi revendiquée est mise au travail sur un nouveau contenu, sur un enjeu qui a sous-tendu tout ce corpus : « C'était un exercice philosophique : son enjeu était de savoir dans quelle mesure le travail de penser sa propre histoire peut affranchir la pensée de ce qu'elle pense silencieusement, et lui permettre de penser autrement »[35]. Ce qui est en jeu ici est la lutte contre la prémisse même d'une insertion, jamais encore mise en question, dans les conjonctions successives du discours et du pouvoir.

Ce que la pensée a pensé tacitement, ce sont les constellations de vérité ne faisant qu'un avec les effets de pouvoir. Nous n'avons jamais cessé de penser ce qu'un âge donné a produit comme son ordre propre, hétéronome ; et nous avons pensé cet ordre silencieusement, l'intériorisant malgré son hétéronomie. Si tout exercice philosophique autonome consiste à « penser autrement », alors l'ascèse requise est en effet une épreuve – non pas seulement une tentative ou un essai, mais une charge périlleuse. Le lieu de cette charge et de ce péril, le lieu de tout discours non immédiatement acceptable par une culture et qui, par conséquent, reste « transgressif »[36], c'est l'écriture. En cela réside la parenté avec Descartes, réclamée par Foucault, une affinité que ces déclarations antérieures sur la montée et le crépuscule du postulat moderne « l'homme » n'avaient guère annoncée. L'épreuve de Foucault, subie dans l'écriture, a été de déplacer les lignes frontières, tacitement admises comme allant de soi, telles, par exemple, entre le normal et le pathologique, ou l'innocence et la culpabilité. Dans ses écrits archéologiques et généalogiques, il a exercé – comme on s'entraîne et met en œuvre – la constitution de lui-même en tant que sujet transgressif.

Si, en plus de ses écrits, on tient compte des remarques éparses faites sur le site des luttes contemporaines, on peut supposer que se constituer soi-même en tant que sujet *transgressif* est ou a été une possibilité époquale ouverte à d'autres cultures que la nôtre. Socrate et tant d'autres ont été accusés de « penser autrement ». Or, ce qui est nouveau dans le dispositif actuel de la vérité et du pouvoir, c'est sa tendance à l'homogénéité totalisatrice. Les formes de lutte citées appartiennent à ce seul contexte. Que puis-je faire dans une telle société isomorphe ? Me constituer en tant que sujet *anarchique*. Les transgressions, disait Hegel, sont nécessaires essentiellement – et non seulement époqualement – afin que la loi soit possible. L'anarchisme, en revanche, n'apparaît comme une possibilité pratique qu'après le triomphe de l'État moderne. Le sujet anarchique partage cependant le « médium » de lutte, au moyen duquel tant le sujet rationaliste que le sujet transgressif se constituent eux-mêmes publiquement, à savoir l'écriture ou l'intervention discursive. Ayant étudié les effets de pouvoir propre au discours, comment Foucault n'aurait-il pas effectué très délibérément des déplacements dans la sphère publique en intervenant par ses propres déclarations ?

La différence entre luttes transgressives et luttes anarchiques réside dans leurs cibles respectives : pour le sujet

transgressif, n'importe quelle loi ; pour le sujet anarchique, la loi de la totalisation sociale. Cette différence
révèle le type d'angoisse qui accompagne le mode de la
constitution du Soi pratique, possible aujourd'hui. Notre
angoisse provient de notre impossibilité à postuler des
référents derniers, des normes. En identifiant des cibles
concrètes à attaquer – les institutions pénales, la collabo-
ration entre l'*establishment* médical et l'institution des
interrogatoires musclés (non seulement dans les pays
d'Amérique latine), etc. –, Foucault s'est mis en accord
avec telle organisation ou tel mouvement idéologique.
Mais d'aucun d'eux il n'a jamais entériné les justifica-
tions pour l'action. Pourquoi alors a-t-il rejoint leurs
combats ? Non pas certes à cause de quelque impératif moral, universellement valable. « La recherche d'une
forme de moralité acceptable pour tout le monde, dans
le sens où tout le monde aurait à s'y soumettre, m'apparaît comme catastrophique »[37]. On songe au mot de
Luther : « Ici je suis, je ne peux faire autrement. » Par
contraste avec l'anarchisme du XIXᵉ siècle, celui qui est
possible aujourd'hui reste plus pauvre, plus fragile. Il n'a
aucun récit linéaire à invoquer, susceptible de le justi-
fier, seulement l'histoire de la vérité avec l'histoire du
sujet qui l'accompagne. Or, celles-là sont fracturées par
des ruptures. Le sujet transgressif fétichise encore la loi
en osant ce qui est interdit. Le sujet anarchique fait écho
au Zarathoustra de Nietzsche : « Tel est *mon* chemin ;
quel est le tien ?... Car *le* chemin – cela n'existe pas »[38].
L'anarchisme au moyen d'interventions discursives est
aujourd'hui une possibilité ; ce n'est pas un devoir.

À déclarer que la constitution de soi comme un sujet
anarchique revient à contester notre insertion même
dans un dispositif de discours et de pouvoir, Foucault
semble, certes, donner dans le paradoxe : « Le but de

ces luttes, ce sont les effets de pouvoir en tant que tels. » En tant que tels ? N'est-il pas contradictoire de tenir, d'une part, qu'il n'y a pas d'ennemi public numéro un, mais seulement tels buts précis pour des escarmouches et, d'autre part, que l'objectif des luttes contemporaines est de combattre le principe de renfermement par lequel les totalités sociales confinent la vie d'un chacun à un lieu préétabli dans leur dispositif englobant ? L'impression de paradoxe diminue s'il est entendu que contester les effets de pouvoir « en tant que tels », c'est les exposer où et tels qu'ils se produisent. Ainsi l'institution médicale est-elle dénoncée pour « exercer un pouvoir sans contrôle sur les corps, la santé des individus, leur vie et leur mort »[39]. Des interventions dispersées sur des cibles hétérogènes n'impliquent pas que chacun et tous les effets de pouvoir seraient excisés, la liberté enfin réalisée, et que l'on pourrait affranchir tout ce qui « jusqu'à présent »[40] est resté inhibé. À cette idéologie de la libération, Foucault oppose des tactiques plus modestes à l'intérieur de formations quadrillées du savoir, et de stratégies capillaires du pouvoir. Contester des effets de pouvoir « en tant que tels » reste une opération ponctuelle. Elle consiste à intervenir contre toute nouvelle figure de domination (ces figures n'étant des *cas* d'aucun Grand Oppresseur) ; déplacer toujours à nouveau les coordonnées de la pensée et ce aussi loin qu'il est stratégiquement possible. Le sujet anarchique se constitue lui-même à travers des micro-interventions dirigées contre les configurations récurrentes de sujétion et d'objectivation.

Le projet de retracer l'histoire du sujet aboutit-il alors au même malentendu essentialiste que les histoires de la folie et de la sexualité ? Oui, si par « sujet » on entend le porteur de qualités telles que la conscience, et l'agent derrière des actes tels que la réflexion ; non, si cette histoire est lue comme l'une des stratégies dans l'histoire des constellations de la vérité, avec ses morts diachroniques et ses nouveaux commencements. Pour une culture obsédée par ce qui se loge au plus intime du sujet – caché, inconscient, profondément et abyssalement sien –, la constitution anarchique de soi signifie que la réflexion visant le dedans se disperse en autant de réflexes visant le dehors qu'il y a « des systèmes de pouvoir à court-circuiter, à disqualifier et à dérégler ». [41]

Notes

1   M. Foucault, « Pourquoi étudier le pouvoir : la question du sujet », in Hubert Dreyfus et Paul Rabinow, *Michel Foucault : un parcours philosophique*, avec un entretien et deux essais de M. Foucault, trad. de l'anglais par Fabienne Durand-Bogaert, Paris, Gallimard, 1984, p. 298.

2   M. Foucault, *Les Mots et les Choses*, Paris, Gallimard, 1966, p. 354.

3   *Ibid.*, p. 398. Voici la dernière ligne de *Les Mots et les Choses* : « ... – alors on peut bien parier que l'homme s'effacerait, comme à la limite de la mer un visage de sable. »

4   M. Foucault, *L'Archéologie du savoir*, Paris, Gallimard, 1969, p. 21 et 24.

5   M. Foucault, *Les Mots et les Choses*, p. 398.

6   Dans un cours de 1943, Heidegger déclarait : « ... wenn für den modernen Menschen, der knapp drei Jahrhunderte alt ist... », cf. *Heraklit*, Gesamtausgabe, 55, Francfort, Klostermann, 1979, p. 132.

7   M. Foucault, *Histoire de la folie à l'âge classique*, Paris, Gallimard, 1972, p. 582.

8   M. Foucault, *L'Usage des plaisirs*, Paris, Gallimard, 1984, p. 16 sq.

9   M. Foucault, « Le retour de la morale (interview) », *Les Nouvelles*, le 28 juin 1984, p. 40.

10 *Ibid.*, p. 37.

11 Citations tirées de « Qu'est-ce qu'un auteur ? », conférence parue dans le *Bulletin de la Société française de Philosophie*, séance du 22 février 1969, p. 95.

12 M. Foucault, « Mon corps, ce papier, ce feu », in *Histoire de la folie à l'âge classique*, Paris, Gallimard, 1972, p. 593–594.

13 Dans la phrase précédente. Descartes *décrivait* la folie et ses causes en des termes médicaux : «... ces insensés, de qui le cerveau est tellement troublé et offusqué par les noires vapeurs de la bile, qu'ils assurent constamment qu'ils sont des rois... » Cependant, lorsqu'il *exclut* la folie, il emploie le vocabulaire juridique. Cf. R. Descartes, *Méditations sur la philosophie première*, Paris, Pléiade, 1958, p. 268.

14 L'essai de Foucault est une réplique à : « Cogito et l'histoire de la folie », de J. Derrida, in *L'écriture et la différence*, Paris, Seuil, 1967, p. 51–97. Dans ces réflexions, Derrida critiquait les trois pages de Foucault sur Descartes, dans *Folie et déraison. L'histoire de la folie à l'âge classique*, Paris, Plon, 1961, p. 54–57.

15 M. Foucault, *La Volonté de savoir*, Paris, Gallimard, 1976, p. 120.

16 *Ibid.*, p. 137–139. Ensemble, ces quatre éléments constituent « une théorie générale du sexe ».

17 M. Foucault, *Le Souci de soi*, Paris, Gallimard, 1984, p. 113.

18 *Ibid.*, p. 84.

19 *Ibid.*, p. 49.

20 *Ibid.*, p. 85.

21 Peu avant sa mort. Foucault déclarait : « Il manquait à l'Antiquité classique d'avoir problématisé la constitution de soi comme sujet. » « Le retour de la morale », *op. cit.*, p. 41. Cela laisse perplexe, si l'on se rappelle que dans *L'Usage des plaisirs*, il réitère qu'une telle constitution de soi était l'enjeu même de l'éthique grecque, *op. cit.*, p. 10, 33, 45, 50, 56, 73, 96, 100–103, 123, 154, 193.

22 *Le Souci de soi, op. cit.*, p. 84 sq.

23 *Histoire de la folie, op. cit.*, p. 578.

24 « Pourquoi étudier le pouvoir : la question du sujet », *op. cit.*, p. 308.

25 « Lorsque Kant demande en 1784, *Was heisst Aufklärung*, il veut dire : Qu'est-ce qui se passe en ce moment ?... Qui sommes-nous à ce moment bien précis de l'Histoire ? », *ibid.*, p. 307. On peut cependant objecter que l'essai de Kant ne soulève la question de ce qui est en train d'arriver dans sa période historique que lu en traduction française. *Les Lumières* (comme l'italien *Illuminismo*) est un terme qui désigne un âge de la modernité, alors qu'aussi bien l'allemand *Aufklärung* que l'anglais *enlightenment* (au moins lorsqu'il ne s'écrit pas avec une majuscule) signifient avant tout un projet intellectuel et non pas un siècle – le XVIIIe – dans l'histoire des idées.

26 Voir l'analyse que fait Foucault des *Institutions et Conférences* de Cassien dans « Le Combat de la chasteté », in *Communications* XXXV, Seuil, 1982, p. 15–25.

27 « Pourquoi étudier le pouvoir : la question du sujet », in *op. cit.*, p. 301.

28 M. Foucault, « Interview », *Actuel*, n° XIV (novembre 1971), p. 43.

29 M. Foucault, « Des supplices aux cellules (interview) », *Le Monde*, 21 février 1975, p. 16.

30 « Pourquoi étudier le pouvoir : la question du sujet », *op. cit.*, p. 302 et 308.

31 *Ibid.*, p. 304.

32 *Ibid.*, p. 308.

33 *Actuel, op. cit.*, p. 46 sq.

34 « Pourquoi étudier le pouvoir : la question du sujet », *op. cit.*, p. 301.

35 *L'Usage des plaisirs, op. cit.*, p. 15.

36 *Histoire de la folie à l'âge classique, op. cit.*, p. 578.

37 *Le retour de la morale, op. cit.*, p. 41.

38 F. Nietzsche, *Ainsi parlait Zarathoustra*, III.

39 « Pourquoi étudier le pouvoir : la question du sujet », *op. cit.*, p. 301.

40 « Une entreprise révolutionnaire est dirigée non seulement contre le présent, mais contre la loi du "jusqu'à présent" », *Actuel, op. cit.*, p. 47. Je lis cette remarque ambiguë comme un avertissement contre la tentation utopique. Cf. *ibid.*, p. 46.

41 « Des supplices aux cellules », *op. cit*, p. 16.

Que faire à la fin
de la métaphysique ?

L'opinion commune veut que Heidegger n'ait pas eu grand-chose à dire sur les problèmes politiques. Elle veut aussi que ce qu'il en a effectivement dit, voici cinquante ans, gagnerait à être recouvert d'un manteau de silence charitable.

On sait que « l'être » était son obsession, son premier et son dernier mot. Presque, en tout cas – car il est vrai qu'à la fin, même lui ne pouvait plus l'entendre et parlait plutôt de « présence », de « monde », ou d'« événement ». Quoi de plus tentant alors, de plus méritoire peut-être, que de développer, après Heidegger, ce que son obsession de cette seule question l'a empêché d'accomplir, et de « dériver » une « philosophie pratique » à partir de sa « philosophie de l'être » ? On peut regretter qu'il n'ait pas lui-même franchi ce pas, mais enfin, la philosophie première est là, et il suffirait d'un peu d'ingéniosité pour en tirer une « Politique » ou une « Éthique », à moins que ce ne soit une « Seconde Critique ». Adonné au problème altier de l'« être », Heidegger aurait eu un sens moins aigu des questions plus concrètes, plus terre-à-terre, ou du moins plus traditionnelles en philosophie, si bien qu'il n'est pas étonnant que, dans sa vie, il ait trébuché sur l'un de ces détails concrets, autrement plus périlleux que le puits de Thalès. Son obsession serait fâcheuse, surtout mesurée à ses prédécesseurs depuis Socrate qui n'ont cessé de répéter que « la vertu est savoir », que la raison pratique reçoit son architecture de la raison pure et que la *theoria,* qui est ce qu'il y a de plus noble à notre portée, prescrit les voies à la *praxis*. En un mot, l'obsession de Heidegger lui aurait simplement fait oublier que *agere sequitur esse,* que l'agir suit l'être. Il avait tourné et retourné la question de l'être – à nous de la traduire en termes de l'agir.

Je voudrais montrer au contraire que Heidegger ne dissocie nullement « l'être et l'agir », qu'il n'oublie pas ce dernier au profit du premier, que parler de la présence tel qu'il le fait, c'est déjà parler de l'agir. Il ne désarticule pas l'ancienne unité entre théorie et pratique, mais il fait bien pire : il pose la question de la présence de telle manière que la question de l'agir y trouve déjà sa réponse ; de telle manière que l'agir ne peut plus faire question ; que demander, par exemple : « Quel est le meilleur système politique ? », c'est parler dans le vide du lieu déserté par les représentations successives d'un *fundamentum inconcussum,* représentations qui ont soutenu les systèmes du savoir tout aussi bien que ceux du pouvoir.

Loi économique et loi rationnelle

Heidegger met fin à la recherche spéculative d'un fondement pour l'agir. Mais il répond bel et bien à la question « Que faire ? », et plus qu'incidemment. Il s'y adresse par un autre biais que ne le firent les philosophes. Ce biais apparaît quand il se demande ce qu'est la loi et ce que sont, plus spécifiquement, les règles pratiques. Voici quelques lignes à méditer : « Le *nomos* est non seulement la loi, mais plus originairement l'injonction contenue dans le décret de l'être. Cette injonction seule est capable d'insérer l'homme dans l'être. Et seule une telle insertion est capable de porter et de lier. Autrement, toute loi reste le simple artefact de la raison humaine. Plus essentielle que tout établissement de règles est la tâche pour l'homme de trouver l'accès à la vérité de l'être afin d'y demeurer. »[1] Les règles pratiques, Heidegger les *situe* donc par rapport aux constellations historiques de la présence. À regarder brièvement de plus près ce passage de la *Lettre sur l'humanisme*, il révélera le versant pratique, moins familier, de la topologie heideggerienne. Je voudrais en développer quelques conséquences qui ne s'avéreront bénignes ni pour une théorie de l'agir (à condition qu'on veuille retenir ce titre d'école) ni, surtout, pour l'agir lui-même qui est aujourd'hui à notre portée.

S'il y a une incidence pratique de la pensée heideggerienne, elle s'inscrit dans ce que dès 1927 il appelait la « déconstruction » *(Abbau)* de l'ontologie[2]. Dans les lignes que je viens de citer, les lois pratiques – les normes – apparaissent comme déterminées par des « décrets ». Par là il faut entendre les mises en place subites, imprévisibles, dans l'arrangement de la présence-absence : les normes naissent des crises dans l'histoire qui font époque. La démarche que suit Heidegger dans ce passage s'apparente à la méthode transcendantale dans la mesure où du *fait* de la loi, il recule à un ensemble de conditions qui rendent possible un tel fait. Mais en même temps il congédie le transcendantalisme puisqu'il cherche ces conditions ailleurs que dans le sujet. Quel est l'*a priori* de la loi en général et des normes pratiques en particulier ? « L'injonction contenue dans le décret de l'être. » En clair : les conditions de l'agir sont fournies par les modalités selon lesquelles, à un moment donné de l'histoire, les phénomènes présents entrent en rapport les uns avec les autres. Ce qui rend possible la loi – et il faut entendre : non seulement la loi positive, mais encore la loi naturelle et divine – est la constellation d'interaction phénoménale qui fait notre « demeure » à un âge donné, le *nomos oikou*, l'éco-nomie de la présence. Il est plus essentiel d'obéir à cette économie époquale d'*alétheia* que de promulguer des lois et de les mettre en vigueur. Notre obligation première, semble-t-il, nous place sous le *nomos* en tant qu'alétheiologique, et notre obligation seconde seulement, sous le *nomos* « rationnel ». La loi comme « artefact de la raison » se lit d'ailleurs comme une allusion à peine voilée à Kant, plus précisément à la loi morale que la raison pure pratique se donne à elle-même. Devons-nous comprendre que le devoir moral par lequel la raison autonome s'impose des règles est tout aussi secondaire que la loi positive ? Ce qui est certain, c'est que les lignes citées tournent Kant étrangement contre lui-même. La distinction entre *nomos* comme ordre époqual et *nomos* comme création libre de la raison assigne même à la recherche d'universalité et de néces-sité en morale sa place dans l'histoire de la présence. Avec Kant nous étions devenus confiants : tout être rationnel est capable de discerner ce qui est à faire et à ne pas faire. Mais voilà qu'on nous dit : cette confiance en la raison morale est le symptôme d'une façon seulement de nous trouver « insérés » dans l'histoire de l'être – une façon seulement de répondre à « l'injonction contenue dans le décret de l'être ».

Si telle est en effet la voie suivie par Heidegger dans les lignes citées, il nous oblige à poser de nouveau la question du rapport entre théorie et pratique, mais telle qu'elle résulte de la déconstruction de l'histoire de la métaphysique – à partir d'un point de vue, par consé-quent, qui interdit de la poser en termes de « théorie » et de « pratique ». Qu'est-ce qui advient du vieux problème de l'unité entre penser et agir une fois que « penser » ne signifie plus : s'assurer un fondement rationnel sur

lequel poser l'ensemble du savoir et du pouvoir, et que
« agir » ne signifie plus : conformer ses entreprises quotidiennes, privées et publiques, au fondement ainsi établi ?
La déconstruction telle que Heidegger a commencé de
l'exercer voici un demi-siècle, c'est la pulvérisation d'un
pareil socle spéculatif où la vie trouverait son assise, sa
légitimité, sa paix. Déconstruire la métaphysique revient
à interrompre – littéralement à « détraquer » – le passage spéculatif du théorique au pratique. Ce passage, les
anciens le figuraient comme une dérivation de l'éthique
et de la politique à partir de la philosophie première, et
les modernes, comme une application, dans les métaphysiques spéciales, de la métaphysique générale. Dans
un cas comme dans l'autre, le discours sur l'être restait
fondateur. L'ontologie était la discipline justificatrice par
rapport aux disciplines pratiques. Avec le tournant qu'a
pris la phénoménologie heideggerienne après la publi-
cation d'*Être et Temps*, la question « Que faire ? » reste
comme suspendue dans le vide. Cette détresse est neuve.
Dans les réponses qu'ils ont traditionnellement apportées à la question de l'agir, les philosophes ont en effet
pu s'appuyer, d'une façon ou d'une autre, sur quelque
Premier nouménal dont la fonction fondatrice fût assurée par une doctrine des principes derniers, principes
impossibles à fonder à leur tour. Que le problème de
l'agir soit soulevé à la façon des Grecs (« Quelle est la
meilleure vie ? »), des médiévaux (« Quels sont les actes
naturellement humains ? ») ou des modernes (« Que
dois-je faire ? »), toujours les réponses données ont reçu
d'une science référentielle leurs schémas de pensée et
une bonne partie de leur contenu. Or, la déconstruction
de la métaphysique situe historiquement ce qui a été
tenu pour fondement nouménal, pour incorruptible.
Elle clôt par là l'ère des philosophies pratiques, déri-

vées d'une philosophie première, aussi bien que l'ère des métaphysiques spéciales divisant la métaphysique générale.

Il s'ensuit d'abord que la déconstruction prive le discours sur l'action de ces schémas qui appartiennent de droit aux thèses sur la substance, sensible ou divine, sur le sujet, sur l'esprit, ou sur l'« être ». Mais il s'ensuit encore que l'agir lui-même, et non pas seulement sa théorie, perd son fondement ou son *arché*. Ainsi, il ne suffit pas de demander : Qu'advient-il de la question « Que faire ? » à la fin de la métaphysique ? Il faut encore demander : Que faire à la fin de la métaphysique ?

L'ignorance sur l'agir et l'hypothèse de la clôture

« C'est pour moi aujourd'hui une question décisive de savoir comment on peut coordonner en général un système politique à l'ère technique et quel système ce pourrait être. À cette question je ne sais pas de réponse. Je ne suis pas convaincu que ce soit la démocratie »[3] Cet aveu d'ignorance de la part de Heidegger, serait-il lié à l'ignorance concernant la question « Que faire ?» et qui résulte de la déconstruction ? Que ce « je ne sais pas » soit prétendu ou sincère, qu'il renvoie à quelque nostalgie politique ou non, n'est pas mon propos. Mais cet aveu n'est peut-être pas accidentel. Il a peut-être affaire directement à la seule question qui n'a cessé de préoccuper Heidegger. On peut, en tout cas, le placer en synopsis avec d'autres « confessions » d'ignorance. « Plus grande est l'œuvre d'un penseur – ce qui ne se mesure aucunement à l'étendue et au nombre de ses écrits – et d'autant plus riche est l'impensé que cette œuvre renferme, c'est-à-dire ce qui émerge, pour la première fois et grâce à elle, comme n'ayant pas encore été pensé. »[4]

Une ignorance bien précise semble prédominer aux moments de transition entre époques, aux moments « décisifs ». Reste à savoir sur quoi porte cette ignorance, et quelle en est la nécessité. Elle n'a peut-être rien à voir avec les opinions et les convictions d'un individu, avec son sens des responsabilités politiques, ou avec la perspicacité de ses analyses du pouvoir. Et si l'aveu d'ignorance *faisait texte* avec cet ensemble d'écrits qui circulent, agissent, font fuir ou donnent à penser – c'est-à-dire qui fonctionnent – sous le nom de « Heidegger »? Si cette ignorance était si nécessaire à son discours que, sans une telle confession, celui-ci ne serait plus tout à fait un texte, un tissu réglé par des lois internes ? Peut-on dire que la texture heideggerienne se structure selon des règles qui seraient peu nombreuses et dont l'une aurait directement affaire à cette ignorance ? S'il en est ainsi, la tâche est de retracer là, dans ce qui est écrit, des stratégies de pensée. Ce faisant, on conduira ce qui y est dit peut-être quelque part où l'homme Martin Heidegger n'aurait pas tellement aimé être conduit.

L'ignorance sur l'agir résulte de l'hypothèse sous laquelle Heidegger place l'histoire de la philosophie occidentale : au moins en ce qui concerne le souci de *dériver* une doctrine pratique d'une science première, on peut parler de l'unité fermée de l'époque métaphysique. Sa déconstruction des constellations de la présence montre que celles-ci ont prescrit, depuis toujours, les termes dans lesquels la question de l'agir peut et doit être posée (termes ousiologiques, théologiques, transcendantaux, linguistiques), le fondement à partir duquel on peut et doit y répondre (substance, Dieu, cogito, communauté discursive) et les types de réponses qu'on peut et doit y apporter (hiérarchie de vertus, hiérarchie des lois – divines, naturelles, et humaines –, hiérarchie des impératifs, et hiérarchie des intérêts discursifs : intérêt cognitif ou intérêt émancipatoire). « La métaphysique » est alors le titre pour cet ensemble d'efforts en vue d'un modèle, d'un canon, d'un *principium* pour l'agir. Et au regard de la déconstruction, cet ensemble apparaît comme un champ clos. L'hypothèse de la clôture du champ métaphysique joue doublement, encore que l'opposition entre système et histoire demande à être révisée : clôture *systématique* pour autant que les normes de l'agir « procèdent » formellement des philosophies premières correspondantes, et clôture *historique* puisque le discours déconstructeur ne peut survenir qu'à la limite de l'ère sur laquelle il s'exerce. L'hypothèse de la clôture détermine la déconstruction à chaque pas de sa démarche. Elle confère à l'entreprise heideggerienne son ambiguïté : encore murée dans la problématique de la présence, mais déjà ailleurs que dans le fief où la présence fonctionne comme présence constante, comme identité de soi à soi, comme fondement inébranlable.

L'hypothèse de la clôture confère aussi à cette démarche sa radicalité : l'agir dépourvu d'*arché* n'est pensable qu'au moment où la problématique de l'« être » – héritée du champ clos de la métaphysique mais soumise, sur le seuil de celui-ci, à une transmutation, à un passage – émerge des ontologies et les congédie. Si, à l'époque de la post-modernité (pour faire bref : depuis Nietzsche), la question de la présence ne semble plus pouvoir s'articuler en philosophie première, et si la stratégie du concept de « présence », chez Heidegger, anéantit (et quoi qu'en dise Jacques Derrida) la recherche d'une possession pleine de soi par soi, c'est dans la constellation époquale du XXe siècle que s'épuisera l'antique procession et légitimation de la *praxis* à partir de la *theoria*. Alors, en son essence, l'agir s'avérera an-ar-chique. Voilà où l'homme Martin Heidegger n'aurait peut-être pas tellement aimé être conduit.

Le principe d'anarchie

L'« anarchie » n'est que le complément de deux pré-misses qui viennent d'être produites, à savoir : 1. Les doctrines traditionnelles de la praxis réfèrent celle-ci à une « science » indépassable dont procèdent les sché-mas applicables à un raisonnement rigoureux sur l'agir ; 2. À l'âge de la clôture de la métaphysique, cette pro-cession ou légitimation à partir d'une science première s'avère *époquale* – régionale, si l'on veut, datée, en tout cas « finie » dans les trois sens du mot : limitée, para-chevée, terminée. Corrélativement, anarchie veut dire ici : 1. Le schéma par excellence que la philosophie pra-tique a traditionnellement emprunté à la philosophie première, c'est la référence à une *arché,* qu'elle s'arti-cule selon la relation attributive, *pros hen,* ou participa-tive *aph' henos.* Les théories sur l'agir non seulement se réfèrent en général à ce qui fait figure, à chaque époque, de savoir ultime, mais elles en décalquent encore, comme d'un patron, le schéma attributif-participatif. Ces théories ont ainsi leur origine dans la philosophie première, et elles lui empruntent le dessein même de chercher une origine à l'agir, une instance première dont dépendrait le multiple. Dans les doctrines sur la *praxis,* le schéma attributif-participatif se traduit en ordination des actes à un point de mire qui ne cesse de se déplacer historiquement : cité parfaite, royaume céleste, volonté du plus grand nombre, liberté nouménale et législa-

trice, « consensus pragmatique transcendantal » (Apel),
etc. Mais aucun de ces décalques ne défait le patron
attributif, participatif et ainsi normatif, lui-même. Toujours l'*arché* fonctionne à l'égard de l'agir comme la
substance fonctionne à l'égard de ses accidents, leur
imprimant sens et *telos*. 2. À l'époque de la clôture, en
revanche, on peut assigner leur régularité aux principes
qui ont régné sur l'agir. Le schéma de référence à une
arché se révèle être le produit d'un certain type de penser, d'un ensemble de règles philosophiques qui ont eu
leur genèse, leur période de gloire, et qui connaissent
peut-être aujourd'hui un déclin. Ce qu'on lit alors dans
Heidegger, c'est que la fonction principielle a été assurée par de nombreux « premiers » au cours des siècles ;
que la régularité de cette fonction se laisse formellement
réduire au *pros hen* aristotélicien (dont l'*aph' henos* n'est
que le pendant symétrique) ; et qu'avec la clôture de l'ère
métaphysique, les « principes époquaux » qui, à chaque
âge de notre histoire, coordonnèrent les pensées et les
actions, *dépérissent*. L'anarchie, en ce sens, ne devient
opératoire comme concept qu'au moment où se referme
sur elle-même la grande nappe des constellations qui
fixent la présence en présence constante. Pour la culture
occidentale, les choses multiples ont été gelées – diversement, bien sûr, selon les époques – autour d'une vérité
première ou d'un *principium* rationnel. Comme par ailleurs le schéma attributif a été exporté en philosophie
pratique, ces principes rationnels dessinent la structure
où se coule le *princeps*, l'autorité à laquelle on rapporte
ce qui est faisable à une époque. Les philosophies premières fournissent au pouvoir ses structures formelles.
Plus précisément, « la métaphysique » désigne donc ce
dispositif où l'agir requiert un principe auquel on puisse
rapporter les mots, les choses et les actions. L'agir appa-

raît sans principe à l'âge du tournant, quand la présence comme identité ultime vire à la présence comme différence irréductible. Si tels sont les contours du programme de déconstruction, on commence à entrevoir la nécessité d'un aveu d'ignorance : la question même d'un « *système* politique coordonné à l'ère technique » relève des constructions principielles.

L'expression la plus adéquate pour couvrir l'ensemble de ces prémisses serait : « Le principe d'anarchie. » Le mot anarchie prêterait, certes, à malentendu. Le paradoxe que contient cette expression n'en est pas moins instructif, éblouissant. Le nerf de la métaphysique – quelles que soient les déterminations ultérieures dont on en précisera le concept – n'est-il pas la règle de toujours chercher un Premier à partir duquel le monde devienne intelligible et maîtrisable, la règle du *scire per causas,* de l'établissement des « principes », donc ? L'« anarchie », en revanche, désigne maintenant le dépérissement d'une telle règle, le relâchement de son emprise. Ce paradoxe est éblouissant parce qu'en deux mots il pointe en deçà et au-delà de la clôture métaphysique, exhibant ainsi le tracé de cette clôture elle-même. Le paradoxe qu'énonce l'expression « principe d'anarchie » situe l'entreprise heideggerienne, il indique le lieu où elle est sise : implantée encore dans la problématique du *ti to on* (« Qu'est-ce que l'être ? »), mais arrachant celle-ci déjà au schéma du *pros hen* qui lui fut congénital. Retenant la présence, mais la désencadrant du schéma attributif. Principe encore, mais principe d'anarchie. Il faut penser cette contradiction. La référence principielle y est travaillée, dans son histoire et dans son essence, par une force de dislocation, de plurification. Le *logos* référentiel y devient « parole en archipel », « poème pulvérisé » (René Char). La déconstruction est un discours de transition ; aussi, en mettant les deux mots, « principe » et « anarchie », bout à bout, on entend *s'apprêter* à cette transition époquale.

Inutile d'ajouter qu'il n'est pas question de l'« anarchie » ici au sens de Proudhon, Bakhounine et leurs disciples. [5] Ce que cherchaient ces maîtres, c'est à *déplacer* l'origine, à substituer au pouvoir d'autorité, *princeps*, le pouvoir rationnel, *principium*. Opération « métaphysique » entre toutes. Remplacement d'un point de mire par un autre. L'anarchie dont il sera question est le nom pour une histoire survenue au fondement de l'agir, histoire où cèdent les assises et où l'on s'aperçoit que le principe de cohésion, qu'il soit autoritaire ou rationnel, n'est plus qu'un espace blanc sans pouvoir législateur sur la vie. L'anarchie dit le destin qui fait dépérir les principes auxquels les Occidentaux ont rapporté, depuis Platon, leurs faits et gestes pour les y ancrer, les soustraire au changement et au doute. C'est la production rationnelle de cet ancrage – la tâche la plus grave traditionnellement assignée aux philosophes – qui devient impossible avec Heidegger.

L'autre pensée, l'autre agir

L'aveu d'ignorance concernant le système politique le mieux adapté au monde technique apparaît maintenant plus cohérent, mieux inscrit, en tout cas, dans l'ensemble de la texture qu'est le discours déconstructeur. Si la question des systèmes politiques ne peut surgir qu'au sein des organisations époquales et principielles, et si, d'autre part, la modalité époquale-principielle de la présence prend fin à l'âge de la clôture, alors c'est mal poser la question politique que de peser les avantages et les inconvénients des différents systèmes. Cela peut se montrer de plusieurs manières. D'abord, et c'est le facteur le mieux connu, par l'opposition entre penser et connaître. Dans Heidegger, aucune dialectique ne lie la pensée à la connaissance, aucune synthèse ne permet de passer de l'une à l'autre : « Les sciences ne pensent pas. » Cette opposition, héritée de Kant (mais malgré l'usage consistant que Heidegger en fait, il ne reconnaît jamais cette dette), établit comme deux territoires, deux continents, entre lesquels il n'y a ni analogie, ni ressemblance même. « Il n'y a pas de pont qui conduise des sciences vers la pensée. »[6] On « pense l'être » et ses époques, mais on « connaît les étants » et leurs aspects. Ignorance généralisée donc, qui frappe la pensée en toutes ses démarches. Si Heidegger l'invoque si ostensiblement, c'est qu'elle est peut-être le lieu-tenant d'une nécessité plus proche encore de l'affaire même de la pensée. – L'affaire de la pensée, c'est, à la lisière qui cerne une longue histoire, de « répéter » la présence elle-même, de « regagner les expériences de l'être qui sont à l'origine de la métaphysique, grâce à une déconstruction des représentations devenues courantes et vides ».[7] Si cette longue histoire touche effectivement à sa fin (et l'affirmation insistante de Heidegger à cet égard, ainsi que d'autres après lui[8], peut laisser perplexe), alors, sous la crise, la structure de ce champ se dérègle ; ses principes de cohésion perdent leur efficacité ; le *nomos* de notre *oikos*, l'économie qui nous enserre, produit de moins en moins de certitudes. Moment d'ignorance, donc, que celui où est franchi un seuil époqual. – Enfin, la nécessaire ignorance concernant les systèmes politiques et leurs mérites respectifs, résulte de la constellation de la présence dont on nous décrit l'aurore : cessation *des* principes, détrône-ment *du* principe même de ces principes, et commence-ment d'une économie de passage, anarchique. L'époque de transition amènerait donc à la présence les mots, les choses et les actions de telle manière que leur interaction publique soit irréductible à toute systématicité.

Cela dit et compris, il faut tout de même ajouter : l'aveu d'ignorance est, bien sûr, une feinte. Et plus qu'une feinte stratégique – à moins qu'on n'entende ce mot, « stratégie », non pas en rapport aux actions humaines et à l'art de les coordonner, mais en rapport aux économies de la présence. Alors on voit qu'il y a de fortes raisons à cette feinte. Comment éviter, en effet, qu'après avoir ébauché le dépérissement des principes, des questions ne surgissent du type que voici : Quelle est votre théorie de l'État ? Et de la propriété ? Et de la loi en général ? Qu'adviendra-t-il de la défense ? Et de nos autoroutes ? Heidegger s'esquive. Après l'un des développements les plus directs sur ce qu'on pourrait appeler l'anarchie ontologique – exprimée, en l'occurrence, par le concept de « vie sans pourquoi » – Heidegger conclut : « Au fond le plus caché de son être l'homme n'est véritablement que quand, à sa manière, il est comme la rose – sans pourquoi. » Le « sans pourquoi » pointe au-delà de la clôture, on ne peut donc pas le poursuivre. L'arrêt brusque du développement – « Nous ne pouvons poursuivre ici cette pensée plus loin »[9] – ainsi que la feinte d'ignorance sont inévitables quand on s'essaie à une « autre pensée »[10]. Il suffit d'appuyer un peu pour le voir : une vie « sans pourquoi », cela veut bien dire une vie sans but, sans *telos*. Et il est dit qu'« au fond le plus secret de son être », donc totalement, l'homme devrait être privé de *telos*. Être, « à sa manière, comme la rose », ce serait abolir la téléologie pratique. Il est clair que les objections rebondissent : Mais sans *telos*, l'agir n'est plus l'agir… En effet. D'où la nécessité de la feinte.

Déconstruire l'agir, c'est l'arracher à la domination par l'idée de finalité, à la téléocratie où il a été tenu depuis Aristote. La désarticulation des représentations téléocratiques ne s'ajoute pas à ce que Heidegger appelait d'abord la « *destruction* phénoménologique de l'histoire de l'ontologie »[11]. Si la clôture doit être comprise telle qu'on l'a esquissée, si elle est cette perturbation des règles où se réarrange l'ensemble de la constellation qu'on appelle la culture, elle est nécessairement englobante, indivisible. L'*Abbau* ne peut donc se contenir à l'intérieur d'une « région », d'une science déterminée, ou d'une discipline. L'agir ne se laisse pas déconstruire isolément. C'est pourquoi il faut d'abord se faire le phénoménologue des principes époquaux que sont « le Monde supra-sensible, les Idées, Dieu, la Loi morale, l'autorité de la Raison, le Progrès, le Bonheur du plus grand nombre, la Culture, la Civilisation ». Ces principes, avec la fin de la métaphysique, « perdent leur force constructrice et deviennent néant »[12].

Le point de départ de toute cette entreprise n'a rien d'innovateur. C'est l'étonnement bien traditionnel devant les époques et leurs glissements : Comment rendre compte du fait qu'au sein d'un enclos époqual (ces enclos qu'on appelle « *polis* », « Empire romain », « Moyen Âge », etc., ou, selon une découpe à peine plus fine, « dix-septième », « dix-huitième », « dix-neuvième » siècle), certaines pratiques soient possibles et même nécessaires, qui ne le sont pas à d'autres ? Comment se fait-il qu'une révolution ait été impossible au Moyen Âge, ainsi qu'une Internationale à la Révolution française, et une Révolution culturelle au moment de la Première Internationale ? Ou, selon une perspective moins étrangère à la question des « principes » qu'il ne paraît : Comment se fait-il qu'un Duns Scot, pourtant surnommé *Doctor subtilis*, n'ait pu écrire, ni une critique de la raison pure, ni une généalogie de la morale ? Comment se fait-il, autrement dit, qu'un domaine du possible et du nécessaire s'institue, dure un temps, et cède sous l'effet d'une mutation ? « Comment se fait-il ? » : question descriptive, à ne pas confondre avec la question étiologique : « Comment s'explique…? » Les solutions causales apportées à ces phénomènes de mutation, qu'elles soient « spéculatives », « économistes », ou ce qu'on voudra, nous laissent insatisfaits en raison même du présupposé causal qu'elles ne peuvent questionner – qu'elles ne peuvent *situer,* car ce présupposé n'est qu'une incidence époquale du schéma *pros hen.*

L'« autre commencement »
comme plurification de l'agir

J'ai montré de quelle façon, au regard de la déconstruction, les normes pratiques *(nomoi* rationnels) dépendent des principes époquaux métaphysiques et ceux-ci, à leur tour, des constellations de présence-absence *(nomoi* comme « injonctions contenues dans les décrets de l'être »). On a vu aussi qu'avec le tournant économique contemporain – dont la *Kehre* de Heidegger est seulement l'écho dans la pensée [13] – ces principes ontiques unificateurs s'estompent. En termes nietzschéens, « l'autre commencement », c'est la justice faite à la présence comme événement multiple, comme l'innocence rendue à la pluralité, au pluriel. Voici quatre domaines où, avec Heidegger, cette plurification devient pensable. Leur énumération nous permettra de suggérer ensuite ce que serait « l'autre agir », pluriforme.

1. Le domaine où pareille plurification est le plus aisé à voir, et peut-être à tolérer, c'est celui des *disciplines* scien-

tifiques nées avec la métaphysique. « La division de la philosophie en "physique", "éthique", "logique" produit un compartimentage. Ainsi commence un processus qui s'achève en ce que la discipline l'emporte sur l'affaire dont elle traite… Ce qui fait partie de la "matière" se décide en fonction des aspects et des perspectives de la recherche. La discipline prescrit ceux-ci en vue de sa propre survie, comme les seules voies de réifier cette "matière"[14]. » Si la déconstruction rend douteuses les cloisons entre sciences humaines, ce n'est pas pour les raisons habituellement invoquées par les théoriciens qui se plaignent des barrières séparant leurs discours respectifs : à savoir que l'homme est un tout – que la nature humaine est une – et que la division de la recherche fragmente cette totalité et cette unité. Au contraire, nul rêve unitaire ne mobilise la déconstruction telle que j'ai essayé de la décrire. L'homme comme figure « une » est précisément le principe époqual directeur institué avec le tournant socratique, le tournant par suite duquel « le propre de toute métaphysique apparaît en ce qu'elle est "humaniste" »[15]. L'homme a accédé au rôle proprement principiel (après le cosmos et Dieu) plus récemment encore : « L'homme moderne est vieux d'à peine trois cents ans ».[16] Heidegger critique les sciences dites humaines et sociales de l'emporter sur l'affaire dont elles traitent, non pas parce que cette affaire serait essentiellement simple mais parce que, au contraire, avec le dépassement de l'*epoché,* elle s'avère irréductiblement multiple. L'essence (*Wesen* au sens verbal) se disperse en *topoi* innombrables. Nous souffrons non pas de trop de types de discours, mais de trop peu.

2. Le seuil vers la présence anarchique se marquerait non seulement d'un foisonnement discursif, mais d'abord et

surtout d'une *pensée* multiple. « Seule une pensée pluriforme parvient à un dire qui puisse répondre à l'affaire »
qui est « elle-même intrinsèquement pluriforme »[17]. Pensée multiple parce que répondant à un jeu de présence
multiple : la « plurivocité du dire » *(Mehrdeutigkeit der
Sage)* n'est que la résonance de « l'agencement de la
transmutation, à jamais sans repos, où tout se fait jeu »[18].
Avant le tournant de 1930, l'ontologie de Heidegger
était radicale au sens d'un « enracinement originaire »
de tout phénomène dans l'existence humaine[19] ; après
ce tournant, il congédie la métaphore de racine[20] au profit d'un langage plus héraclitéen – « l'enfant qui joue » –
et nietzschéen : la présence comme « transmutation à
jamais sans repos ». Penser, c'est alors répondre et correspondre aux constellations de présence telles qu'elles
se font et se défont.

3. Le domaine irrévocablement marqué de la relation
pros hen, semble-t-il, est la grammaire. Quelle opération
est plus héno-logique que celle de rapporter un prédicat à un sujet ? De cette attribution première naît toute
la métaphysique. C'est elle précisément qu'il s'agit de
désapprendre : « Il faut un changement dans le langage que nous ne pouvons ni obtenir par force ni même
inventer... Tout au plus pouvons – nous quelque peu
préparer ce changement. »[21] Au moment où les fictions
unificatrices de la présence se dissipent sous le pragma-
tisme triomphant (incidence récapitulatrice de la technologie), la tâche de la pensée est de libérer le potentiel
d'un parler multiple contenu dans la modalité contemporaine de présence (incidence anticipatrice de la technologie). À la fin de la dernière conférence qu'il ait pro-
noncée, Heidegger en venait ainsi à regretter qu'il ait
« parlé seulement en énonçant des propositions »[22]. C'est

qu'au seuil technologique qui sépare les modalités *principielles* de la présence de ses modalités *anarchiques,* il nous faut « travailler à travers » la grammaire métaphysique, tout comme pour Freud une névrose ou un deuil demandent un *Durch-arbeiten*[23]. Il ne faut donc pas se méprendre sur la profondeur où s'opère le glissement culturel contemporain et où il requiert notre labeur. La culture métaphysique dans son ensemble se révèle être une universalisation de l'opération syntaxique qu'est l'attribution prédicative. C'est cette opération élémentaire que la transgression de l'enclos métaphysique détraquerait. « Nos langues occidentales, chacune à sa façon, sont des langues de la pensée métaphysique. L'essence des langues occidentales est-elle, en elle-même, purement métaphysique et par conséquent définitivement marquée par l'onto-théo-logique ? Ou bien ces langues recèlent-elles d'autres possibilités de parler...? Ces questions ne peuvent qu'être posées. »[24]

4. Le domaine où la référence à l'un a connu les renforcements dogmatiques les plus acharnés, c'est l'*éthique.* Aussi l'*Éthique à Nicomaque* débute-t-elle par une déclaration de foi dans la téléocratie : « Tout art et toute investigation, et pareillement toute action et tout choix tendent vers quelque bien ».[25] Dans tout ce que nous entreprenons, nous visons quelque fin. Impossible de concevoir une doctrine sur l'*éthos* ou les *mores,* une éthique ou une morale métaphysiques, sans une telle foi dans le règne de la fin. Heidegger, en revanche, expérimente avec des mots toujours nouveaux pour disjoindre l'agir et la représentation de la fin. Dans une de ces tentatives, il parle de *Holzwege,* de « chemins qui ne mènent nulle part ». Pour saisir la portée de cette métaphore, il faut l'opposer aux lignes d'Aristote que je viens de citer

ainsi qu'à l'ensemble des philosophies pratiques pour autant qu'elles varient la problématique de la fin et des moyens. Mais l'élection des buts et la sélection des voies pour y parvenir caractérisent la *praxis* seulement pour autant que, avant même toute théorie du bien, la présence a été fixée dans le schéma causal, schéma où règne la cause finale. L'agir montre une inclination naturelle vers les fins, seulement à la condition d'une telle compréhension calculatrice et calculante de la présence ou de l'« être ». En dehors de ce présupposé, la *praxis* serait « sans pourquoi ». Cette expression, empruntée à Maître Eckhart[26], éclaire la métaphore des *Holzwege* : de ces sentiers qu'utilisent les bûcherons, « chacun suit son propre tracé, mais dans la même forêt. Souvent il semble que l'un est pareil à l'autre. Mais ce n'est qu'une apparence »[27]. De même la *praxis*. Libéré des représentations d'*arché* et de *telos*, l'agir ne se laisserait plus décrire par un propos conçu d'avance et exécuté à l'aide de moyens appropriés. Heidegger suggère ainsi une abolition pratique de la finalité au seuil d'une économie non principielle. L'agir suivrait la façon multiple dont, à chaque moment, la présence s'ordonne autour de nous. Il suivrait la venue à la présence comme *phyein*, libérés des principes ontiques qui l'ont régie depuis la Grèce classique. Ainsi que l'ont compris les Grecs pré-classiques – au « premier commencement » – l'agir peut être *kata physin*. Au-delà de la clôture métaphysique, à « l'autre commencement », la mesure de toutes actions ne peut être ni un *hen* nouménal ni la simple pression des faits empiriques. Ce qui donne la mesure, c'est la modalité sans cesse changeante selon laquelle les choses émergent et se montrent : « Toute *poiesis* dépend toujours de la *physis*... À celle-ci, qui éclôt d'avance et qui advient à l'homme, se tient la production humaine. Le *poiein* prend la *physis*

84

pour mesure, il est *kata physin*. Il est selon la *physis*, et il en suit le potentiel... Est un homme averti alors celui qui pro-duit ayant égard à ce qui éclôt de lui-même, c'est-à-dire à ce qui se dévoile. »[28] Correctement comprises, ces lignes résument ce que Heidegger a à dire sur l'agir.

An-archie et a-téléocratie pratiques

Que faire à la fin de la métaphysique ? Combattre tous les vestiges d'un Premier qui donne la mesure. En termes nietzschéens : après que le « monde vrai » se soit avéré être une fable – après la « mort de Dieu » – la tâche est de détrôner les nombreuses idoles dont nous continuons de décorer la vie tant privée que publique. Dans les termes de la *Lettre sur l'humanisme* : la tâche est de désapprendre le *nomos* comme artefact de la raison et de suivre le seul *nomos* comme « injonction contenue dans le décret de l'être ». En termes aristotéliciens : libérer l'agir des repré-sentations *d'arché* et de *telos*, représentations qu'à partir de « la *Physique*, le livre fondamental de toute la philoso-phie occidentale »[29], Aristote déjà a indûment étendues à l'éthique et à la politique. Que faire ? Renverser les étants qui règnent sur l'agir à la façon d'un commencement, d'un commandement et d'une fin, qu'ils soient des auto-rités substantielles ou formelles-rationnelles. Voilà la condition pratique pour franchir la clôture métaphy-sique et pour rendre l'agir « sans pourquoi », an-archique et a-téléocratique.

« Le concept courant de "chose"... dans sa captation ne saisit pas la chose telle qu'elle déploie son essence ; il l'assaille. – Pareil assaut peut-il être évité, et comment ? Nous n'y arriverons qu'en laissant en quelque sorte le champ libre aux choses. Toute conception et tout énoncé qui font écran entre la chose et nous doivent d'abord être écartés. »[30] Ces lignes suggèrent quelques traits de l'autre agir, qui ne ferait qu'un avec « l'autre pensée » et « l'autre destin »[31]. Elles permettent de dire ce qu'il n'est pas, mais aussi ce qu'il est. L'autre agir n'est pas « captation », « assaut ». Il est : « Laisser le champ libre aux choses. » D'où la tâche pratique pour notre âge de transition : écarter tout ce qui fait écran à l'autre agir.

L'assaut est une modalité de la présence, celle qui prédomine à l'ère technique. Elle est le résultat tardif et extrême de décisions et d'orientations prises depuis la Grèce classique. Renforcées à chaque étape ultérieure, celles-ci conduisent à une violence généralisée, plus destructrice que les guerres : « Nous n'avons même pas besoin de bombes atomiques, le déracinement de l'homme est déjà là… Ce déracinement est la fin, à moins que pensée et poésie n'atteignent de nouveau à un pouvoir nonviolent. »[32] Devant la menace de la fin, préparée de longue date par l'insertion de tout phénomène possible dans la grille *arché-telos,* Heidegger demande donc : « Un tel assaut peut-il être évité, et comment ? »

On voit tout de suite qu'à la violence institutionnalisée, il n'oppose pas une contre-violence, ou du moins pas une violence du même type. Il n'appelle pas à quelque contre-attaque. Il ne cherche pas la confrontation, n'en attend rien. Au contraire, la confrontation ne saurait que renforcer la violence qui est au cœur de notre position historique fondamentale. Monter un front de plus ne peut que durcir l'assaut généralisé. « Je n'ai jamais parlé *contre* la technique… », dit-il.[33] Mais Heidegger n'incite pas non plus à abandonner le domaine public. La généalogie même des économies de présence abolit les oppositions entre public et privé, dehors et dedans, vie active et vie contemplative.

L'« assaut » dont Heidegger demande s'il peut être évité est ambigu comme l'est la technique. La violence de notre position extrême est la force qui clôt la métaphysique et qui rend possible le tournant économique. Non pas que la violence provoque sa propre négation. Il n'y a rien de dialectique dans l'hypothèse de la clôture, seulement une position fondamentale à double face. L'« assaut » nous constitue autochtones et limitrophes en même temps du sol métaphysique. En amplifiant sans bornes le jeu de l'offensive, il engage aussi un nouveau jeu possible, où la téléocratie se trouve dissoute dans le pur *phyein,* dans l'événement de la venue à la présence. Comment anticipe-t-on une économie purement *kata physin* ? Heidegger répond clairement : « Tout ce qui fait écran entre la chose et nous doit être écarté. »

La transition hors des époques ne peut donc s'obtenir par une contraction de la volonté. Quelle peut alors être l'action d'écarter les survivances principielles ? Pour Heidegger, une seule attitude est à notre portée pour anticiper le franchissement de la clôture et pour soustraire les échanges publics à l'offensive de la volonté : « Le délaissement n'entre pas dans le domaine de la volonté. »[34] Le délaissement est le jeu préparatoire d'une économie *kata physin*. Littéralement, il prélude à la transgression des économies principielles. La violence que Heidegger embrasse devant l'assaut institutionnalisé est la non-violence de la pensée. De celle-ci, quel est « le pouvoir non-violent »? C'est de faire ce que fait la présence : laisser être. Heidegger oppose donc le *lassen,* « laisser », au *überfallen,* « assaillir »[35] comme il oppose l'action d'écarter, à « ce qui fait écran » ou qui fait main basse. Le délaissement, la *Gelassenheit,* n'est pas une attitude bénigne, ni un réconfort spirituel. « Laisser être » est la seule issue viable hors du champ d'attaque aménagé par la raison calculatrice. Il est la seule issue parce que : 1. il déplace le conflit, 2. il est essentiellement a-téléocratique, 3. il est préparateur d'une économie anarchique. Le premier de ces trois points inscrit le délaissement dans l'événement du pur *phyein*, le deuxième, dans l'a priori pratique et le troisième, dans le passage vers une autre économie. Pour ces trois raisons que, pour conclure, il faut regarder une à une, Heidegger peut enchaîner dans le texte cité ci-dessus : « Un tel assaut peut-il être évité, et comment ? Nous n'y arriverons qu'en *laissant* en quelque sorte le champ libre aux choses. »

Laisser le champ libre aux choses revient d'abord à déplacer le conflit. Aucun Grand Refus n'est opposé par Heidegger à la violence époquale. Philosopher contre la technique équivaudrait à « une simple ré-action contre elle, c'est-à-dire à la même chose » [36]. Il s'interroge plutôt sur l'*essence* de la technique, et ainsi sur son appartenance à la métaphysique. Posée à partir de ce nouveau lieu, la question va plus sûrement au cœur de la technique que ne va la discussion des alternatives à la standardisation et à la mécanisation. C'est mal saisir sa critique de la violence que de vouloir récupérer Heidegger pour la cause écologiste ou quelque autre évasion de l'emprise technocratique. En revanche, à suivre le déplacement vers l'essence, qu'est-ce qui apparaît comme « laissant le champ libre aux choses », c'est-à-dire comme les laissant se rendre présentes de telle ou telle manière ? « Cela se produit tout le temps. » C'est l'événement d'appropriation qui, déjà de toujours, laisse ainsi venir les choses à notre rencontre *(begegnenlassen)*. Il s'ensuit que l'a priori pratique qui subvertit la violence consistera à « nous abandonner *(überlassen)* à la présence sans qu'elle soit occluse » [37]. Il consistera à laisser les choses se mettre en présence, dans des constellations essentiellement rebelles à l'ordonnancement. L'agir multiple, au gré de l'événement fini : voilà la praxis qui « laisse le champ libre aux choses ». Elle devient pensable grâce au déplacement de la question concernant la violence. Heidegger ne la soulève pas en termes de violence et de contre-violence, comme le fit Marx par exemple (« La violence matérielle doit être renversée par une violence matérielle » [38]). Il ne la soulève pas non plus en termes humanistes, comme le fit Merleau-Ponty (« la violence... est-elle capable de créer entre les hommes des rapports humains ? » [39]). Heidegger demande quelle est la constellation de présence-absence qui fait que la technique est une position historique fondamentale essentiellement violente. Le délaissement comme praxis possible naît de ce pas en arrière vers l'essence.

D'autre part, « laisser le champ libre aux choses », c'est affranchir la pensée des représentations de fin. Si elle n'est ni le renfort, ni la négation de la technique, la pensée n'a pas de but. Elle n'est pas dominée par la recherche d'une conformité entre énoncé et objet. Par essence elle est libre de l'emprise téléocratique. La tâche dont elle se charge est beaucoup trop modeste, trop *insignifiante*, pour faire le poids face à la technique : penser, c'est suivre les choses dans leur émergence à partir de l'absence. Sa pauvreté est néanmoins instructive. Elle nous instruit sur une origine sans *telos* ; une origine qui est toujours autre et toujours neuve ; sur laquelle on ne peut pas compter, et qui par là défie le complexe technico-scientifique. L'avis heideggerien de laisser le champ libre aux choses contient donc aussi un impératif. Les « choses » en leur venue au « monde » se distinguent des produits en ce que ces derniers servent à un emploi. La fin utile constitue l'être même du *Zeug*, des outils. Parler de « choses » au lieu d'étants disponibles et d'étants subsistants, c'est désimpliquer l'étant de la finalité, de la téléocratie. Comment cette désimplication procède-t-elle ? Par cet impératif : « Sommes-nous dans notre existence historialement près de l'origine ? »[40] Être près de l'origine – près de l'événement qu'est le *phyein* – ce serait suivre dans la pensée et dans l'agir l'émergence « sans pourquoi » des phénomènes. Heidegger cite Goethe : « Qu'on n'aille rien chercher derrière les phénomènes : ils sont eux-mêmes la doctrine. »[41] Derrière les phénomènes il y aurait les noumènes, dont seule l'intelligence divine connaîtrait le rôle qu'elle leur a assigné parmi les merveilles de la création. En conversation, Heidegger citait aussi René Char : « Ne regardez qu'une fois la vague jeter l'ancre dans la mer. » « La poésie est de toutes les eaux claires celle qui s'attarde le moins aux reflets de ses ponts ».[42] La pensée et la poésie entament la téléocratie comme la rouille entame le fer. C'est encore Maître Eckhart qui a osé traduire cette entame dans l'action : « Le juste ne cherche rien dans ses œuvres. Ce sont des serfs et des mercenaires, ceux qui cherchent quelque chose dans leurs œuvres et qui agissent en vue de quelque "pourquoi". »[43]

*

Du point de vue des économies, enfin, « laisser le champ libre aux choses », c'est s'engager dans un passage, celui de la violence à l'anarchie. Passage d'un lieu où les étants sont contraints sous un principe époqual, à un lieu où leur contingence radicale est restaurée. Passage des « substances » déterminées par une *arché* et un *telos* idéaux, aux « choses » émergeant avec précarité dans leur monde lui-même précaire. Cette innocence retrouvée du multiple, Heidegger la suggère surtout dans les textes sur l'œuvre d'art, qui paraissent dès lors en une

autre lumière. L'œuvre d'art institue un réseau de réfé-
rences autour d'elle et par là produit la vérité comme une
sphère contingente d'interdépendance. Pour Heidegger,
l'œuvre d'art est le paradigme non pas du « geste fondateur »[44], mais de la façon non principielle dont une
chose vient au monde, et dont le monde vient à la chose.
Seulement, pour qu'une économie puisse ainsi rendre
toutes choses à leurs mondes – pour que l'anarchie économique prenne la relève des principes – la condition
pratique est la chute des dernières figures téléocratiques
de la présence. À la question politique : « Que faire ? »,
il faut donc répondre : déloger ces vestiges d'une économie téléocratique de leur retraite, et ainsi libérer les
choses de leur « captation » sous les principes époquaux.
Voilà comment, dans la situation ambiguë de transition,
la phénoménologie peut répondre à « l'assaut » technolo-
logique. Les revers de l'histoire imposent des conditions
pratiques à la pensée et à l'agir. Cette phénoménologie
ne peut donc se contenter d'une notion ontologique
d'anarchie. En insistant sur l'*Anruf,* appel, l'*Anspruch,*
exigence, etc., Heidegger lie l'apparition d'une constellation nouvelle à un préalable pratique. Et si la constellation rendue possible par la technologie est essentiellement a-téléocratique, alors la praxis requise consiste à
épouser la discontinuité de l'événement d'appropriation.
Heidegger répond à la violence en montrant la fissure que
le délaissement introduit dans les constellations sociales
fixes. Il exprime cette fissuration parfois, on l'a vu, en
regrettant qu'il ne nous soit point possible de sortir de
la structure métaphysique des propositions : l'obstacle
par excellence qui fait écran à l'événement d'appropriation vient des « fondements métaphysiques grecs... de la
phrase comme rapport du sujet au prédicat ». Il faudrait
pouvoir dire « Il y a de l'être » et « Il y a du temps », et

entendre cela autrement que comme des propositions[45]. Aussi Heidegger désigne-t-il directement l'ambiguïté de notre site économique contemporain – l'ambiguïté du « principe d'anarchie » – quand il regrette que la conférence « Temps et Être » n'ait encore pu « parler seulement en énonçant des propositions »[46].

Quelque allusives que soient les remarques de Heidegger sur les implications pratiques de sa pensée – et quelque obstiné son refus d'en voir aucune – il ne fait pas de doute qu'au niveau linguistique son atteinte à la proposition, et au niveau ontologique le dépassement de la différence « ontologique » vers la différence « chose et monde », exige qu'une fluidité radicale soit introduite aussi dans les institutions sociales comme dans la pratique en général. Avec l'absence bi-frontale de la technique, légitimer la pratique ne peut plus vouloir dire : référer ce qui est faisable à une instance première, à quelque raison ultime, ni à une fin dernière, à quelque but. Renversement, donc, du principe de raison : ce ne sont pas les étants présents (et les actes, encore des étants) qui appellent un fondement, *Grund*, mais la présence sans fond, *abgründig*, interpelle l'existence et réclame un agir également sans fond. Ainsi se comprend le lien complexe établi dans la dernière phrase du texte cité ci-dessus, entre grammaire de la proposition, différence « chose et monde », et écartement des obstacles en tant que préalable à l'événement d'appropriation : « Toute conception et tout énoncé qui font écran entre la chose et nous doivent d'abord être écartés. »[47]

Quand on songe aux souffrances que les hommes se sont infligées et s'infligent au nom des principes époquaux, on voit que la philosophie – « le penser » – n'est pas une entreprise futile : la phénoménologie déconstructrice « change le monde »[48] parce qu'elle révèle le dépérissement des principes. Ce dépérissement, nul ne l'a mieux exprimé que René Char : « Cette part jamais fixée, en nous sommeillante, d'où jaillira DEMAIN LE MULTIPLE. »[49]

Notes

Même si je renvoie pour chaque citation à la traduction française publiée, je ne suis cette dernière qu'exceptionnellement.

1   M. Heidegger, *Wegmarken*, Francfort, Klostermann, 1967, p. 191 / *Questions III*, trad. A. Préau, R. Munier, J. Hervier, Paris, 1966, p. 148.

2   M. Heidegger, *Die Grundprobleme der Phänomenologie*, Gesamtausgabe, t. 24, Francfort, Klostermann, 1975, p. 31. Le mot « déconstruction » n'est donc pas originellement, comme on le pense souvent, « l'excellente expression de Derrida », F. Wahl, *Qu'est-ce que le structuralisme ? 5. Philosophie*, Paris, Seuil, 1973, p. 128.

3   M. Heidegger, « Nur noch ein Gott kann uns retten », in *Der Spiegel*, 31 Mai 1976, p. 193–219, p. 206 / *Réponses et questions sur l'histoire et la politique*, trad. J. Launay, Paris, Mercure de France, 1977, p. 42.

4   M. Heidegger, *Der Satz vom Grund*, Pfullingen, Neske, 1957, p. 123 sq. / *Le Principe de raison*, trad. A. Préau, préface J. Beaufret, Paris, Gallimard, 1962, p. 166.

5   À plus forte raison, ce concept n'entre pas ici dans les théories classiques sur le meilleur État ; cf. Platon, *La République* (558 c) et Aristote, *La Politique* (1302 b 28ss.), qui qualifiaient, l'un et l'autre, d'*anarchos* la forme injuste de gouvernement qu'était à leurs yeux la démocratie.

6   Les deux citations sont de M. Heidegger, *Vorträge und Aufsätze*, Pfullingen, Neske, 1954, p. 133 sq. / *Essais et conférences*, trad. A. Préau, préface J. Beaufret, Paris, Gallimard, 1958, p. 157.

7   *Wegmarken, op. cit.*, p. 245 / *Questions I*, trad. H. Corbin, R Munier, A. de Waelhens, W. Biemel, G. Granel, A. Préau, Paris, Gallimard, 1968, p. 240.

8   « Peut-être la méditation patiente et l'enquête rigoureuse... sont-elles l'errance d'une pensée fidèle et attentive au monde irréductiblement à venir qui s'annonce à présent, par-delà la clôture du savoir », Jacques Derrida, *De la grammatologie*, Paris, Éditions de Minuit, 1967, p. 14.

9 *Der Satz vom Grund*, *op. cit.*, p. 73 / *Le Principe de raison*, *op. cit.*, p. 108.

10 M. Heidegger, *Vorträge und Aufsätze*, *op. cit.*, p. 180 / *Essais et conférences*, *op. cit.*, p. 217 et « Nur noch ein Gott kann uns retten », *op. cit.*, p. 212 / *Réponses et questions sur l'histoire et la politique*, *op. cit.*, p. 54.

11 M. Heidegger, *Sein und Zeit*, 8ᵉ éd., Tübingen, Niemeyer, 1957, p. 39 / *L'Être et le Temps*, trad. R. Boehm et A. de Waelhens, Paris, Gallimard, 1964, p. 58 (souligné par moi).

12 M. Heidegger, *Holzwege*, Francfort, Klostermann, 1950, p. 204 / *Chemins qui ne mènent nulle part*, trad. W. Brokmeier, Paris, Gallimard, 1962, p. 182.

13 M. Heidegger, *Die Technik und die Kehre*, Pfullingen, Neske, 1962, p. 40 / *Réponses et questions sur l'histoire et la politique*, trad. J. Launay, Paris, Mercure de France, 1977, p. 146 sq.

14 M. Heidegger, *Heraklit*, Gesamtausgabe, t. 55, *op. cit.*, p. 233 sq.

15 *Wegmarken*, *op. cit.*, p. 153 / *Questions III*, *op. cit.*, p. 87.

16 *Heraklit*, *op. cit.*, p. 132. Cette thèse a ultérieurement été exposée en France par Michel Foucault, *Les Mots et les Choses*, Paris, 1966, p. 15, 319–323, 396–398.

17 M. Heidegger, « Vorwort », in W. Richardson, *Heidegger. Through Phenomenoloqy to Thought*, La Haye, Fordham University Press, 1963, p. IX–XXIII, p. XXIII / *Questions IV*, *op. cit.*, p. 188.

18 *Wegmarken*, *op. cit.*, p. 251 / *Questions I*, *op. cit.*, p. 249.

19 M. Heidegger, « Ursprüngliche Verwurzelung », M. Heidegger, *Sein und Zeit*, *op. cit.*, p. 377, ainsi que plus tard, à propos de *Sein und Zeit* : « La conscience s'enracine dans le *Dasein* », M. Heidegger, *Vier Seminare*, Francfort, Klostermann, 1977, p. 118 / *Questions IV*, *op. cit.*, p. 317 sq.

20 « Le concept de "racine" ne permet pas de porter au langage le rapport de l'homme à l'être », M. Heidegger, *Vier Seminare*, *op. cit.*, p. 127 / *Questions IV*, *op. cit.*, p. 327 – congédiement orchestré en France, cette fois-ci, par Gilles Deleuze et Félix Guattari, *Rhizome*, Paris, Éditions de Minuit, 1976.

21 M. Heidegger, *Unterwegs zur Sprache*, Pfullingen, Neske, 1959, p. 267 / *Acheminement vers la parole*, trad. J. Beaufret, W. Brokmeier, F. Fédier, Paris, Gallimard, 1976, p. 256.

22 M. Heidegger, *Zur Sache des Denkens*, Tübingen, Niemeyer, 1969, p. 25 / *Questions IV*, *op. cit.*, p. 48.

23 « *Verwinden* », chez Heidegger, veut dire non pas « dépasser » la métaphysique, mais « travailler à travers » elle : « Ce *Verwinden* ressemble à ce qui se passe quand, dans le domaine des expériences humaines, on vient à bout d'une douleur », *Die Technik und die Kehre, op. cit.*, p. 38 / *Questions IV, op. cit.*, p. 144.

24 M. Heidegger, *Identität und Differenz*, Pfullingen, Neske, 1957, p. 72 / *Questions I, op. cit.*, p. 307s.

25 Aristote, *Éthique à Nicomaque* I, 1; 1094 a Is, trad. J. Tricot, Paris, Vrin, 1959, p. 31.

26 Via Angelus Silesius, cf. M. Heidegger, *Der Satz vom Grund, op. cit.*, p. 73 / *Le Principe de raison, op. cit.*, p. 109.

27 *Holzwege, op. cit.*, p. 3 / *Chemins qui ne mènent nulle part, op. cit.*, p. 7.

28 *Heraklit, op. cit.*, p. 367.

29 *Wegmarken, op. cit.*, p. 312 / *Questions II*, trad. K. Axelos, J. Beaufret, D. Janicaud, L. Braun, M. Haar, A. Préau, F. Fédier, Paris, 1968, p. 183, cf *Der Satz vom Grund, op. cit.*, p. 111 / *Le Principe de raison, op. cit.*, p. 151.

30 *Holzwege, op. cit.*, p. 14 sq. / *Chemins qui ne mènent nulle part, op. cit.*, p. 18.

31 *Ibid.*, p. 309 / *Ibid.*, p. 273 sq.

32 M. Heidegger, « Nur noch ein Gott kann uns retten », *op. cit.*, p. 206–209 / *Réponses et questions sur l'histoire et la politique, op. cit.*, p. 45 sq.

33 M. Heidegger, *Martin Heidegger im Gespräch*, Fribourg/Br., Karl Alber, éd. R. Wisser, 1970, p. 73.

34 M. Heidegger, *Gelassenheit*, Pfullingen, Neske, 1959, p. 35 / *Questions III, op. cit.*, p. 187.

35 *Heraklit, op. cit.*, p. 123 et 126.

36 *Ibid.*, p. 203.

37 *Holzwege, op. cit.*, p. 15 / *Chemins qui ne mènent nulle part, op. cit.*, p. 18.

38 K. Marx, « Zur Kritik der Hegelschen Rechtsphilosophie », *Frühe Schriften*, Darmstadt, Wissenschaftliche Buchgesellschaft, éd. H. J. Lieber et P. Furth, 1962, t. I, p. 497.

39 Maurice Merleau-Ponty, *Humanisme et terreur*, Paris, Gallimard, 1947, p. XIII.

40 *Holzwege, op. cit.*, p. 65 / *Chemins qui ne mènent nulle part, op. cit.*, p. 62.

41 Cité M. Heidegger, *Zur Sache des Denkens, op. cit.*, p. 72 / *Questions IV, op. cit.*, p. 128.

42 René Char, *La Parole en archipel*, Paris, Gallimard, 1962, p. 152, et *Poèmes et Proses choisis*, Paris, Gallimard, 1957, p. 94.

43 Meister Eckhart, *Die deutschen Werke*, t. II, Stuttgart, éd. J. Quint, 1971, p. 253, 1. 4s. Chez Maître Eckhart, comme chez Nietzsche et Heidegger, l'atteinte à la téléocratie n'est sans doute possible que parce que chacun de ces auteurs est situé économiquement à la fin d'une époque : fin du moyen âge scolastique, de l'idéalisme allemand, de la métaphysique.

44 *Holzwege, op. cit.,* p. 50 / *Chemins qui ne mènent nulle part, op. cit.,* p. 48. Alexander Schwan, *Politische Philosophie im Denken Martin Heideggers,* Cologne, Westdeutscher Verlag, 1965, se base sur cette allusion au « geste fondateur d'une cité » pour en extraire une philosophie politique chez Heidegger. Je n'ai rien à ajouter à la mise au point par J.-M. Palmier, *Les écrits politiques de Heidegger,* Paris, L'Herne, 1968, p. 150–159.

45 *Zur Sache des Denkens, op. cit.,* p. 43 / *Questions IV, op. cit.,* p. 74.

46 *Ibid.,* p. 25 / *Ibid.,* p. 48.

47 *Holzwege, op. cit.,* p. 14 sq. / *Chemins qui ne mènent nulle part, op. cit.,* p. 18.

48 *Vorträge und Aufsätze, op. cit.,* p. 229 / *Essais et conférences, op. cit.,* p. 278.

49 René Char, *Commune présence,* Paris, Gallimard, 1964, p. 255.

Des doubles contraintes
normatives

Les organisateurs de ce congrès ont bien voulu proposer le thème : « Après Heidegger : la tâche de la pensée ». L'« après » s'y trouve formulé dans les mots mêmes d'un titre célèbre de Heidegger, *La fin de la philosophie et la tâche de la pensée.* Dans le libellé qui nous a été proposé résonne donc une autre tâche, celle de travailler à travers une double contrainte. Que l'après, c'est-à-dire un certain dehors, se formule et doive peut-être se formuler dans des mots pris du dedans du lexique heideggerien, voilà un remarquable *double bind* dans lequel vous nous avez placés... Dans ce qui suit, je chercherai à remarquer – à marquer à nouveau, encore que pas nécessairement dans les termes dehors-dedans, avant-après, etc. – cette double contrainte.

Plus précisément, et pour énoncer un peu sèchement quelle est à mes yeux la tâche léguée par Heidegger, je chercherai à saisir la condition tragique de l'être. J'entends par là une condition qui impose aux phénomènes une double contrainte normative incontournable et cependant irréparable dans sa discordance : une double contrainte originaire. [1]

Il y aurait comme une chaîne de conditions – non aprioriques parce que ni subjectives ni simples – où la double contrainte du libellé proposé renvoie à une double contrainte dans laquelle Heidegger se découvrit pris à un moment des années 1930, puis à une certaine pathologie moderne tardive, et enfin à un jeu d'attrait et de retrait non symétriques dans ce que cette phénoménologie découvre comme condition originaire.

Pour bien comprendre l'emplacement brisé d'où parle Heidegger, il faut commencer où lui commence : par ce qu'il appelle, non sans problème, sa question « fondamentale » : celle du temps de l'être.

* * *

Pour cette question, le vaste détour par les époques de la vérité joue surtout un rôle heuristique. Dans l'apogée – ou peut-être le périgée – de leur histoire se révèle la pathologie moderne, que Heidegger diagnostique comme la subjectivité thétique épuisant ses ressources normatives. Or, parler d'une norme ou d'un principe, c'est parler d'une figure archique. La pathologie moderne se décrit donc au mieux par l'ajointement de ces dispars : par le principe d'anarchie. Je chercherai seulement à retracer l'enchaînement le plus difficile dans cette séquence : le pas en arrière qui conduit du pathétique historial qui caractérise notre site, au tragique événementiel qui caractérise l'être même.

Il y aurait de nombreuses façons de retracer ce pas en arrière. Je choisis de lire quelques sections d'un texte écrit pendant les années où le pathétique contemporain s'est imposé à Heidegger avec une évidence aveuglante (de quel aveuglement, on le verra sans tarder), à savoir, des *Beiträge zur Philosophie* (« Contributions à la philosophie »), écrits entre 1936 et 1938. [2]

En partant du site disparate qui est le nôtre, on peut dire que les *Contributions* réussissent où *Être et Temps* avait échoué. Une temporalité heuristique qui n'est plus subjectiviste que marginalement y permet d'accomplir le pas en arrière vers la temporalité de l'être, pas de recul qui a été la seule et unique démarche à laquelle Heidegger se soit entraîné tout au long. En cette temporalité heuristique s'effritent les marges de l'ère instituée par le cogito. Aussi le pathétique contemporain révèle une essentielle discordance des temps puisqu'un présent ultra-thétique y annonce un possible non-thétique. Cette discordance a ceci de non-subjectiviste qu'à la différence des extases temporelles elle se révèle dans une constellation époquale, non dans quelque rejeton du moi solipsiste ; et elle a ceci d'heuristique pour la temporalité originaire que de telles constellations épellent une histoire de l'être, non de quelque sujet collectif. Dans le dépérissement de la subjectivité normative se déclare la kénose, au moins possible, de toutes représentations normatives ; mais s'y déclare encore un hiatus qui espace et temporalise du dedans ce que les philosophes ont de toujours poursuivi comme condition ultime. Selon l'hypothèse de « la fin de la philosophie » en effet, notre site historique se distingue par l'espacement du « non-là » et du « là »[3] – écart spatial auquel je ne m'attarde pas ici, mais qui traduit la temporalité brisée entre le théisme forcené du présent et l'imminence en lui d'un épuisement. En cette économie espacée et différée du dedans se résume la fonction heuristique de l'âge technologique.

Or, des espaces-temps discordants, tel est l'argument qui me paraît digne de considération, ne peuvent être accordés que par une *condition en elle-même discordante*. Heidegger, rabattant en cela l'espace sur le temps, la décrit comme événement d'appropriation-expropriation.

Pareille condition fracturée – la discordance des temps qu'est l'être – ne sera évidemment pas sans conséquences pour les étants. Cette condition fait de nous des mortels. Elle inscrit les étants que nous sommes dans la double contrainte naissance-mort : dans un différend de traits et de retraits (plutôt que de faits et de contrefaits), différend qui pour cela se décrit au mieux comme la double contrainte d'être-par-la-naissance et d'être-pour-la-mort, ou de la natalité-mortalité.[4] Mais tout l'effort de Heidegger va à penser le temps discordant de l'être, au singulier et sans le détour, soit par l'histoire qui a été la nôtre (à laquelle revient le rôle heuristique, la modernité finissante se sachant *ligaturée* par des emprises planétaires paralysantes apparemment sans issue et *déliée* en même temps des idéalités au nom desquelles, naguère encore, on s'entre-tuait), soit par les étants que nous sommes (auxquels revient un rôle vérificatoire, tout le monde sachant l'être-pour-la-mort qui nous rend finis, donc qui nous *lie*, et l'être-par-la-naissance dont les impulsions maximisatrices toujours nous *délient*). Le temps originairement discordant apparaît alors comme loi des lois, en désaccord avec elle-même. *Les lois* – « Tous les hommes sont mortels », « Le carré de l'hypothénuse est égale à la somme des carrés des deux autres côtés d'un triangle rectangle », « Les ovipares se reproduisent par des œufs, les vivipares, dans l'utérus », « Tu ne tueras pas »... – intègrent des données singulières dans une région phénoménale, tandis que *la loi* sert à cette intégration de référent la légitimant. Les anciens référaient sans doute les lois à la nature, comme les modernes les réfèrent à la subjectivité. La nature, puis la subjectivité, ont servi de sens standard de l'être. Pour anticiper par où je conclurai : à la vieille question de l'être en tant qu'être, le Heidegger d'après la faute répond par ce monstre nomique : la disparité originaire, et en ce sens, ultime, de la législation-transgression. Elle est ce que les philosophes *dénient* quand ils font métier d'assurer les principes premiers. Revenir de ce déni, c'est se placer sous la double contrainte tragique.

La naissance de la loi
à partir du déni tragique

Sur un mur à Pompéi, on voit une fresque qui représente Agamemnon sacrifiant sa fille Iphigénie. Le tableau a ceci de remarquable que le père koricide a la face voilée.

Homère avait dit d'Agamemnon qu'il régnait sur « des îles nombreuses et tout l'Argos » (*II.* 2, 108). Il était le plus puissant des princes grecs. Après que Paris eut enlevé Hélène, épouse de Ménélas, il incomba à Agamemnon, son frère, de mener l'expédition punitive contre Troie. Nul autre que Zeus n'avait commandé l'opération. La flotte fut réunie à Aulis, en Béotie, mais Artémis fit souffler des vents adverses. C'est elle qui réclamait le sacrifice. Agamemnon se trouva donc placé à l'intersection de deux commandements divins. Est-ce assez pour se voiler la face ?

Il se trouva aussi placé à l'intersection de deux lois. D'où, sa plainte : « cruel est mon sort, si je me rebelle ; mais cruel est-il aussi, si je dois sacrifier mon enfant, le joyau de ma maison, et, près de l'autel, souiller mes mains paternelles au flot sanglant jailli d'une vierge égorgée. Est-il donc un parti qui ne soit un malheur ? » [5]

Conflit nomique, plus net que chez d'autres héros tragiques. Pour le premier des chefs, quelle loi pourrait l'emporter sur l'obligation de mener à bien une guerre ordonnée par le premier des dieux ? Et pour un père, quelle loi serait plus forte que celle de préserver la vie de son enfant ? « Est-il donc un parti qui ne soit un malheur ? » Question plutôt rhétorique : malheur au père qui nie ses liens familiaux au nom de chartes publiques, et malheur au chef des armées qui nie ses liens politiques au nom du sang. Devant un tel conflit nomique, comment ne pas se voiler la face ?

Agamemnon se trouve placé, enfin, à l'intersection de deux transgressions déjà anciennes. L'hubris subie par le rapt d'Hélène frappe sa *polis* ; l'hubris exercée par l'ancêtre Atrée, qui avait tué son propre fils, frappe son *oikos*. Aucune des deux infractions n'avait été commise par Agamemnon lui-même : ni celle qui plonge les cités dans la guerre, ni celle qui ruine sa maison. Elles *tombent* sur lui. « Cruel est mon sort, si je me rebelle ; mais cruel est-il aussi, si je dois sacrifier mon enfant. » Qu'il déserte (*liponaus*, v. 212) son poste suprême ou qu'il renie sa lignée, il n'y a pas pour lui d'issue sans faute. Sont-ce alors des destins de rétributions qui se croisent sous le voile : deux aveuglements anciens et leurs suites soudaines ?

Or, parlant à Aulis, Agamemnon prend un curieux virage. Sans transition ni intervalle, il change de ton. D'un vers à l'autre, le conflit des devoirs est emporté – on dirait par les vents favorables, efficaces avant même qu'ils ne soufflent. « Si ce sacrifice, ce sang virginal enchaîne les vents, avec ardeur, ardeur profonde, on peut le désirer sans crime » (v. 214 sq.). L'ou bien-ou bien, à l'instant encore cruel dans ses deux lois, le voilà *tranché*. Bien plus, la loi qu'embrasse Agamemnon n'a plus rien d'un mal, elle est *thémis* : droite, juste, sacrée.[6]

D'un coup de main, l'une des deux lois en conflit – la loi familiale – a été effacée. Voilà le *déni tragique*.

Nouvelle hubris, qui portera ses fruits terribles au retour de Troie. À Aulis, Eschyle la montre enflammant les passions d'Agamemnon. L'angoisse cède à l'audace :

« Il osa devenir le sacrificateur de sa fille » (v. 225). Elle pria, elle cria : « père ! » ; mais « tout cela, elle le vit compté pour rien ». On lui applique la routine du sacrificateur. Le père la fait placer sur l'autel, « telle une chèvre » (v. 232). Pour faire taire ses imprécations – et pour que celles-ci ne retombent pas sur la maison –, on la bâillonne. Comme à un animal encore, on lui met un « frein » (v. 237), c'est-à-dire un mors. Le mot est d'Agamemnon. Ainsi achève-t-il la transformation de sa fille en animal à abattre.

Ainsi, surtout, Agamemnon se constitue-t-il chef militaire, affranchi des allégeances contrariantes. *Il faut un déni tragique pour que naisse la loi univoque.*

La fresque de Pompéi n'est dès lors pas si difficile à comprendre. Qu'est-ce qu'Agamemnon ne voit plus ? Ce que le chœur, lui ne voit que trop bien. D'Iphigénie, il dit : « Le trait de son regard va blesser de pitié chacun de ses bourreaux... » (v. 240). Devant ce regard humain appelant un autre regard humain, Agamemnon s'aveugle. Le peintre a rendu le voile même du déni.

Toujours la tragédie trace comme un parcours des yeux. Le héros *voit* les lois en conflit. Puis – moment du déni tragique – il s'aveugle envers l'une d'elles, gardant le *regard fixé* sur l'autre. De cet aveuglement du chef ont vécu, et vivent, les armées et les cités. Suit alors une catastrophe qui lui *ouvre les yeux* : moment de la vérité tragique. La vision du différend *crève les yeux* (littéralement, à Œdipe ; d'une autre façon, à Tirésias), et elle singularise le héros au point que la cité n'a pour lui plus de place. Du déni à cette reconnaissance, l'aveuglement se transmute. La cité hubristique se change en aveuglement visionnaire. Privé de globes oculaires, Œdipe voit la double contrainte normative.

Dans l'allégresse de l'abattage, la loi de la cité s'affirme contre celle de la maisonnée : hubris législatrice qu'Agamemnon paiera cher au retour de l'expédition.

Or – telle est la leçon de l'*Ereignis* heideggerien en tant que différend d'appropriation-expropriation – toujours la loi naît d'un refoulement de l'autre transgressif, comme toujours la vie se sustente en refoulant la mort qui la transgresse. Il faut examiner la conflictualité par laquelle Heidegger entend l'être. De quelle législation s'agit-il ici et de quelle transgression ?

Législation

Au généalogiste des représentations normatives, l'hubris philosophique se déclare dans l'acte législateur et les transgressions. Les représentations qui ont successivement servi de points d'ancrage pour légitimer l'ordre en Occident se sont imposées par la terreur. Elles ont été promues référents ultimes pour leur époque, démesurément. Aux philosophes, fonctionnaires de l'humanité en cela [7], a incombé l'*Urstiftung* telle que l'entend Heidegger : l'institution d'un sens focal – d'un sens standard – de l'être. Si l'on retraçait ces institutions, on verrait que la loi des lois résulte chaque fois d'une maximisation phantasmatique gonflant aux dimensions normatives tel ou tel phénomène fini. Pour ces arrêts posés, seuls, Heidegger peut qualifier d'humaniste l'ensemble des philosophies de l'ordre – expression d'ailleurs pléonastique dans cette généalogie, la philosophie ayant pour vocation de disposer les choses pour l'homme, selon un ordre.

L'hubris législatrice apparaît alors, pourrait-on dire, au comparatif et au superlatif. Au comparatif, car si l'homme a arrêté toutes choses autour de lui selon tel ou tel ordre, s'il s'est fait la mesure d'elles toutes, c'est qu'il s'est posé et se pose comme valant plus : comparaison de valence et de valeur, par laquelle il valide son hégémonie dans la constitution de la phénoménalité. Mais la démesure « humaniste » atteint le superlatif quand l'homme pose à sauter par-dessus son ombre et à s'implanter de lui-même sur un terrain post-hégémonique ; quand il fait de l'économie post-thétique, post-subjectiviste, etc., son affaire dans ses moyens. Alors, demande Heidegger, « l'hubris de la mesure donnée *(Anmaßung der Maßgabe)* ne serait-elle pas plus grande *encore* que là où [l'homme] reste simplement posé comme la mesure ? » (BzP 25). Le déni des contre – lois transgressives atteint donc curieusement son comble quand la perte des normes devient une conviction commune, quand on s'accorde pour secouer les fixations anciennes et modernes et quand ça fait bien – ou un peu désuet déjà – de parler de transgression. Il y a plus allègre encore que l'allégresse d'Agamemnon. C'est quand, sans plus de façon que le commandant à Aulis, on proclame le dépérissement de la métaphysique avec ses jeux de thèses normatives. Déni forcené qui en rajoute aux thèses et s'enferre pour de bon dans les poses et les positions prises : dans le thétisme qu'on déclare vieux jeu.

Leçon de la démesure législatrice : il y a une violence impossible à désapprendre et une autre que, dans les convulsions, l'Occident s'entraîne peut-être à désapprendre depuis plus d'un siècle déjà.

Impossible d'échapper aux violences régionales : micro-violences par où s'affirme un organe du corps, macro-violences par où s'affirme une collectivité, micro- et macro- dont vit le langage. Il ne faut pas oublier en effet que Thèbes redevint vivable, par les nomothèses d'Œdipe *tyran*. La vie se sustente, et les concepts de nos langues se sérialisent, de proche en proche. Ces violences intégratrices polymorphes résultent du trait phénoménologique qu'est la natalité. [8] Impossible, autrement dit, de revenir de la *polis* ou du concept. – Cependant, traverser la vie les yeux ouverts, c'est voir le déni tragique façonner toute l'étendue morphologique de la loi ; traverser nos communautés, notamment nationales, les yeux ouverts, c'est voir qu'elles se maintiennent au prix d'oblitérer en elles, avec des violences s'il le faut extrêmes, la contre-loi qu'en fin de parcours j'appellerai la *singularisation à venir*.

Autre est la violence d'une loi trans-régionale, maximisée à partir d'une région : comme la subjectivité normative est maximisée depuis l'expérience du Je pense. De cette univocité-là, la modernité tardive s'entraîne à revenir. Entraînement dur, jalonné de rechutes de tout calibre. Le *führer* diffère du *tyrannos* grec précisément par la maximisation nomothétique d'un sujet collectif, posé comme dernière instance fantasmatique. Les institutions époquales d'où naissent de tels fantasmes, je les ai décrites par analogie avec le coup législateur d'Agamemnon à Aulis. Or, dans le national-socialisme, cette analogie entre référent régional et référent ultime s'effondre en identité. Le code politique, régional, s'y exalte en nomothèse hégémonique, ultime. Aussi le Heidegger des *Contributions*, tout juste revenu lui de cette auto-affirmation hyperbolique proprement moderne de la subjectivité normative, s'emploie-t-il à rappeler la contre-loi par laquelle toujours le singulier subvertit de telles instances dernières.

La leçon scelle la double contrainte. Qu'en serait-il de la vie publique sous les *versions* disparates des principes

universalisateurs et du singulier les subvertissant ? Face
à l'appareil mis en place par la loi univoque, ce savoir
tragique n'a jamais de chance. Peut-être n'est-il pas légi-
time dans la cité. [9] On ne réussira pas mieux, en tout
cas, à se glisser au-dehors des fantasmes ultimes qu'à
se faufiler hors de la *polis*, ou encore du concept. Mais
toute la différence est là : dans ces fantasmes, subjectivité comprise, impossible de dénier le déni qui tranche
en leur faveur, comme Créon et Antigone tranchent en
faveur de la loi dont ils se sont respectivement faits les
champions, déniant qu'il y ait déni.

Le savoir de la double contrainte agira tout au plus
par interventions discursives, sporadiques : par ce que
Heidegger appelle « l'autre pensée ».

Celle-ci retrace de la loi, non plus la généalogie par
arrêts ultimes, mais l'origine dans l'événement d'appropriation-expropriation. Alors elle retient le retrait noc-
turne que lui dénie l'attrait pour l'ordre diurne – par où
la loi perd son pouvoir d'ordonnancement. Il faut voir
de près le pas en arrière qui conduit des institutions époquales ayant eu et ayant force de normes, à leur origine
dans l'événement conflictuel. Ce pas conduit d'un Oui
uniment subsompteur, à un conflit où le Non s'adjoint
au Oui pour en briser le pouvoir de subsomption.

Voici pour les institutions législatrices : « Le Oui
courant se trouve immédiatement et inconsidérément
maximisé en ce Oui pur et simple qui prête à tout Non
sa mesure » (BzP 246). Heidegger distingue ainsi entre
deux Oui. L'un est courant, donc prononcé tacitement
ou vocalement devant ce qui est le cas : oui, elle est
belle ; oui, en ce moment je pense ; oui, mon pays. Oui
constatif, par lequel nous donnons notre assentiment
à ce qui est. Le Non corrélatif, peut-on ajouter, lui fait
strictement pendant : non, elle n'est pas laide comme

sa mère ; non, je ne suis pas en train de chanter ; non, je ne suis pas français. L'autre Oui résulte d'une opération plus complexe que la constatation. D'abord, il n'y en a qu'un : c'est le Oui *schlechthin*, dit-il. Puis, sa corrélation au Non se change en détermination puisque ce Oui fait quelque chose « à tout Non ». Le Non, lui, reste multiple, mais le Oui passe en position de dernière instance pour tout Oui ou Non constatifs. Enfin, ce que le Oui unique fait aux Non multiples, c'est leur prêter sa mesure. Opération complexe, car l'unicité, la détermination en dernière instance et la mensuration n'ont plus rien de phénoménal. Elles ne sont plus recueillies de ce qui se montre comme étant le cas. Le Oui-mesure – la norme – résulte, et c'est maintenant le mot-clef, d'une maximisation à partir de l'assentiment devant telle chose qui se montre. Le Oui-mesure est *aufgesteigert*. Avec cette opération finit pour Heidegger la fidélité aux phénomènes et commence la spéculation. Dire qu'on ne peut nier – à savoir des particuliers – qu'après avoir affirmé – à savoir l'universel –, voilà l'opération subsomptrice : celle où l'on pose comme loi un Oui *par rapport* auquel seulement tout Non est un Non. Dans le Non ainsi secondarisé se résume « l'oubli de l'être ».

Il est remarquable que, pour Heidegger, de telles maximisations législatrices ne soient jamais formelles au sens où elles poseraient une structure neutre. Elles élèvent toujours un contenu. Du « oui elle est belle », l'opération passe à la plénitude de la *kalokagathia* ; du « oui je pense », elle passe à l'épaisseur du *cogito* ; et du « oui mon pays », au pays *über alles*...

Il est tout aussi remarquable que dans cette critique de la maximisation assertorique, la possibilité d'un Oui phénoménologiquement antérieur à toute négation n'affleure nulle part. Pour Heidegger, il y va justement de la fidélité aux phénomènes : non plus à tel ou tel d'entre eux, ni à telle ou telle région d'expérience, mais à ce phénomène incontournable qu'est la double contrainte entre être-par-la – naissance et être-pour-la-mort. Un Oui qui serait parole originaire (*Urwort*[10]) reste littéralement hors de question du moment que la question de l'être prend son point de départ dans cette double contrainte natalité-mortalité – seule originaire et seule neutre, elle, car le seul phénomène vraiment familier de tous – dont la pathologie technique planétaire aggrave l'évidence. De là le projet phénoménologique plus ancien que le thétisme dénégateur, projet ni spéculatif ni facultatif : réhabiliter le Ne-pas comme l'autre singulier de l'être singulier. « De la singularité de l'être s'ensuit la singularité du Ne – pas lui appartenant, et partant la singularité de l'autre. L'un *et* l'autre imposent leurs contraintes » (BzP 267). Réhabiliter un Oui et un Non singuliers revient à donner le dernier mot au disparate, donc à un différend originaire qui clive toute loi (voir plus loin).

L'origine de la loi dans l'événement d'appropriation – expropriation inquiète les principes d'ordre tels que l'unicité, la détermination en dernière instance et la mensuration. Elle les fait fonctionner contre – d'un « contre » non dialectique – la mécanique la plus efficacement ordonnatrice : contre la négation oppositionnelle. Heidegger restitue au Oui sa corrélation au Non, déniée par le coup législateur qui apparente ces principes à la loi dont Agamemnon se fit le lieutenant à Aulis. Seulement, cette restitution ruine à jamais toute *tranquillitas ordinis*. Avant de voir cette double contrainte normative restaurée, un mot de clarification sur la transgression qu'elle retient comme co-originaire.

Transgression

Transgression en quel sens ? Deux sens d'usage seront à exclure. Un troisième sera à garder.

1. Le sarcasme heideggerien envers l'extraterritorialité posée par simple *fiat*, dont la cible fut claire au milieu des années 1930, n'a guère perdu sa pertinence. Il serait facile de le réorienter aujourd'hui. On fait de la transgression *la* loi. La fidélité à l'expropriation dans l'événement n'est est pas gardée pour autant. Si à l'âge qui est le nôtre cette fidélité s'apprend au mieux par une remontée aux origines lointaines de la technicité et du possible qu'elle recèle, alors la transgression n'est pas à prendre ici au sens cléistomaniaque de quelque passage au-delà de quelque clôture. Elle ne dénote pas une enjambée *trans lineam*.

2. Plus complexe serait une autre stratégie *trans-*. Dans une partie des *Contributions*, *Le saut*, l'une des sections s'intitule « La surmesure dans l'essence de l'être » (BzP 249). Par sur-mesure *(Übermaß)*, y dit Heidegger, il faut entendre non pas une surabondance quantitative, mais une mesure qui « refuse de s'évaluer et de se mesurer ». Une mesure au-delà de toute mesure : le paradoxe est ancien. Il rappelle l'avancée au-delà de l'être *(epekeina tês ousias)* telle que la construisirent les Alexandrins et leurs épigones. Mais ce paradoxe fait le nerf de toute doctrine des principes. Une mesure n'est principe que si elle ne se jauge pas à son tour à quelque autre mesure. D'où la mise en garde : « La sur-mesure n'est pas l'au-delà {qui définirait} quelque supra-sensible. » Autrement dit, elle met hors fonctionnement la séquence de l'antérieur au postérieur intelligibles. Et néanmoins elle est tout

entière « contrainte » *(Erzwingung)*. Il ne peut donc pas s'agir d'une contrainte apriorique comme l'exercèrent par exemple l'*agathon* grec ou la *natura* latine. Tout principe, toute norme et loi est une instance contraignante – à condition qu'elle règne simplement. Or, la simplicité est précisément ce que Heidegger conteste à la sur-mesure. L'atteinte au prestige de la simplicité, bien plus que l'anti-subjectivisme, défait chez Heidegger l'apriori. On peut s'y méprendre, car ses tournures ont ici l'apparence familière : le néant seul, « parce qu'il appartient à l'être, garde un rang égal à celui-ci ». Rappel de l'*hyper-on* dionysien, traité en *hyper-metron* ? On le dirait, car le néant est à entendre, poursuit-il, « *comme la sur-mesure du pur refus* » (BzP 245). Le préfixe *hyper-* aggrave chez Denys la distance que marquait l'*epekeina* plus ancien. Ce préfixe place hors saisie le terme auquel il s'attache. Il désigne une focalisation ultime qui se refuse à la pensée [11] – refus qui, dans la lignée néoplatonicienne dominante, exalte la simplicité.

Or ce lexique précis et vénérable se trouve ici détourné, justement dans l'exaltation de la simplicité. La sur-mesure, écrit Heidegger, « ouvre la *lutte* et garde ouvert l'espace de toute lutte » (BzP 249). Voilà comment elle contraint les étants. Elle les engage à la discorde. Non pas certes à la guerre de tous les singuliers contre tous les singuliers, mais au *polemos* de vie et de mort traversant chaque singulier et le singularisant. La sur-mesure dit l'essence polémique de l'événement. On est loin de la doctrine des principes et de son plus rigoureux parcours où l'ascension par négations produit une instance atteignible dans l'excès *(hyperochê)*. Contrainte simple ? Comment en serait-il ainsi dès lors que l'événement lui – même n'est pas simple ? Double contrainte plutôt, phrasée ici par l'être et le néant.

3. Par transgression il faut donc entendre la *co-norma-tivité de l'autre dispars de la loi*, sous le règne même de la loi. Si l'être se caractérise par la discordance d'attrait et de retrait temporels, alors, qu'on parle de lois théoriques ou pratiques, de naturelles ou de positives, elles sont toutes et toujours espacées du dedans par leur négation singularisante comme une hégémonie époquale est, dès son institution, espacée du dedans par son déclin à venir. Pareil déclin se produit quand le fantasme promu au rang normatif pour une époque apparaît soudain banalement comme une représentation parmi d'autres (comme une psychanalyse est terminée, dit-on, quand l'analyste, du référent au savoir maximisé qu'il était, redevient un homme de profession libérale poursuivant banalement comme d'autres son gagne-pain). Soit la *natura* de la « loi naturelle » latine : elle se singularise quand les Scotistes y détectent une essentielle contingence. Alors c'en est fait de son prestige référentiel et législateur. Exerce le retrait transgressif, dans toute position normative, la *singularisation possible au cœur d'un universel actuellement législateur.*

Pour cette disparité des stratégies qui scindent l'*Ereignis*, je trouve difficile à entériner les lectures selon lesquelles la double contrainte heideggerienne engagerait des opposés symétriques. Il suffit de se rappeler comment se déclare la stratégie transgressive dans la quotidienneté. On a vu que c'est par le ressac vers la mort. Or, celle-ci temporalise les phénomènes par la perte du monde : perte *possible*, singularisatrice, inscrite dans l'être-au-monde. La stratégie de contextualisation et celle de l'à-venir décontextualisant s'opposeront au sein d'un même genre, seulement si l'on arrête la lecture à la symétrie des mots. Mais ce serait sauter à pieds joints par-dessus le facteur décontextualisant et temporalisateur même : le possible. On ne dira pas non plus que dans la singularisation à venir, le possible reflète l'actuel comme son antithèse ; ce serait, cette fois, sauter par-dessus le facteur possibilisant dans le quotidien : *ma* mort. Pour Hegel, elle est ce qui nous rend tous égaux et qui constitue par là le *genre* humain à proprement parler. Il en va autrement ici. Chez Heidegger, la mort en tant que mienne temporalise les phénomènes parce qu'elle est *singulière* absolument. Impossible, par conséquent, de traiter le singulier en négation déterminée de l'universel. Le contraire de l'universel est le particulier. Il faut avoir manqué chez Heidegger ce lien persistant entre le temps et le singulier, lien que me signifie ma mort, pour ajouter les stratégies conflictuelles tout bonnement à la liste, longue depuis l'Antiquité, des termes mutuellement exclusifs et conjointement exhaustifs d'un genre.

Il en fut ainsi de la tragédie, dont le conflit reste pour Heidegger le modèle (au sens d'un module). Loi familiale et loi de la cité s'opposent pour mieux se relever, seulement révisées par la dialectique de l'esprit objectif et sous l'autorité de l'État moderne. Les héros d'Eschyle, eux, périssent de ce conflit sans instance supérieure. La loi d'Antigone reste en différend sans genre avec celle de Créon. Ainsi encore pour l'attrait phénoménalisant et le retrait dé-phénoménalisant, dans l'*Ereignis* : différend événementiel qui est l'être même.

Cette transgression par singularisation à venir dépose *(ent-setzen)* les référents hégémoniques, comme elle suscite encore l'effroi *(das Entsetzen)* chez ceux en qui l'être-là devient alors événement. « Cette dé-position ne devient événement qu'à partir de l'être même – bien plus, celui-ci n'est rien d'autre que ce qui dé-pose et qui effraie » (BzP 482) ; rien d'autre que législation-transgression.

Reste à voir en quoi cette double contrainte que prescrivit l'événement ainsi entendu, est originaire.

Législation-transgression

Comment se fait alors le pas en arrière autre (non apriorique) qui, du disparate dénié, conduit à l'être qui dé-pose et qui ef-fraie : au différend dont on ne peut rien rencontrer de plus originaire ? Le comment s'apprend en faisant. Ce pas en arrière signe la double contrainte normative, et de plusieurs manières.

D'abord, en déchirant les fantasmes référentiels, il met fin aux *contenus* promus ultimes. Réhabiliter le Non, co-originaire du Oui, ne revient pas à déclarer le laid égal du beau ou la non-pensée, égale du Je pense. En ce sens, le différend reste formel et neutre ainsi que je l'ai dit. Il travaille la quotidienneté comme une catégorie travaille l'empirique – mais à ceci près que la quotidienneté, comme la pathologie moderne tardive qui la rend insupportable, deviennent impossibles à traiter en étants empiriques. Ce serait donc forcer le lexique reçu que d'appeler le différend originaire, une condition de possibilité des phénomènes. Il est tout autant leur condition d'impossibilité. Les phénomènes « phénoménologiques » ne se décrivent pas comme se décrivent telle femme belle, tel acte de penser, tel pays. Si le différend travaille les phénomènes sans que leur condition soit une formellement, alors il ne les déterminera ni ne les mesurera matériellement (comme le ferait *l'eidos* qui rend belles les choses belles, ou la nature qui rend naturels les actes, etc.). Il les travaille en ruinant l'apriorisme du dedans qui toujours pose une focale eidétique. Il ruine du même coup ce qu'on entend par contenu. Le conflit de la natalité-mortalité dans le quotidien ainsi que le conflit du poser-laisser à l'époque du thétisme outrancier sont des contenus seulement en ce qu'ils *révèlent* l'événement tourné contre lui-même (*das in sich kehrige Ereignis*, p. ex. BzP 185) : comme seul le sera, contre un Oui formel, un Non également formel.

Ensuite, et apparemment en une inconséquence flagrante, Heidegger déclare *le Non plus grand* que le Oui.[12] Ces tournures retentissantes signifient bel et bien que la singularisation toujours l'emporte sur la phéno-ménalisation faisant un monde. Mais : l'emporte, comment ? La sagesse des nations est une chose qui dit que la mort finit toujours par l'emporter sur la vie. Une autre est la question des conditions : Comment peut-on dire le retrait expropriateur dans l'événement « plus grand » que l'attrait appropriateur ?

L'inégalité de ces traits – cela au moins n'est pas difficile à voir – exclut que les Oui et Non co-originaires recyclent des figures oppositionnelles où le principe de non-contradiction s'allie au principe du tiers exclu pour produire une division binaire dans quelque genre posé comme suprême. Mais Heidegger procéderait-il dès lors à une secondarisation inverse des thèses normatives, faisant suivre un Non premier par un Oui qui s'en nourrirait pour à son tour le confirmer – oui au non, donc doublement non ? Méphistophélisation de l'être comme catastrophe originaire qui serait non plus seulement absurde[13], mais qui surtout désarticulerait à nouveau les lois et contre-lois tragiquement co-originaires.

Pour comprendre le Non, plus grand que le Oui, revenons à la maximisation normative. – N'est-ce pas l'enseignement heideggerien le mieux connu que l'être diffère des étants, que ceux-ci seuls sont quelque chose, et que l'être est par conséquent néant ? Le mot le dit bien : « néant », *non-ens*, l'être n'est pas un étant. – Or, observe Heidegger, cette détermination « négative » du néant suit le type même des attributions chosistes selon lesquelles telle chose possède, ou ne possède pas, telle qualité. La logique attributive a peu de chances de nous instruire sur l'origine des phénomènes : sur leur manifestation, *phainesthai*, ou leur surgissement, *oriri*, où se déchire la condition. Cette logique suppose en effet qu'on les décrive comme des données, que le phénoménal signifie l'actuel, et que l'être soit entendu comme actualité des données. D'où la tâche, dit-il, de « déterminer de façon plus originaire la co-appartenance de l'être et du néant ». La polémique contre la logique attributive sert donc à rendre le néant problématique, indépendamment de la différence ontologique. Nouvelle problématisation, qui s'énonce en une cascade de questions rhétoriques [14] : « Et si l'être même était ce qui se retire, et si la façon essentielle était la dénégation ?... Et serait-ce par la force de *cette néantisation* de l'être même que le "néant" est plein du pouvoir d'où surgit... toute "création" (par laquelle l'étant devient plus étant) ? » (BzP 246). Cascade qui tombe de l'autre côté d'une digue mettant la question de l'être à l'abri des phénomènes « vulgaires », descriptibles, maximisables, affluant toujours comme seuls intéressants. Comment le Non est-il plus grand que le Oui ? Reste exclue toute maximisation, toujours calquée sur le Oui qui rend plus étant tel phénomène ou tel trait de phénomènes.

Se trouvent ainsi endigués, ou mis entre parenthèses, les phénomènes actuels. Pour saisir le Non originairement transgressif dans l'être, il faut s'attarder brièvement au traditionnel prestige de l'actuel sur le possible et à l'intérêt qui s'y déclare, car autant les fantasmes normatifs deviennent problématiques pour Heidegger par le transcendantalisme et donc par Kant, autant le Non, le Ne-pas et le néant le deviennent par le cinétisme et donc par Aristote.

Le Non et le néant sont jadis devenus des problèmes philosophiques par l'analyse du changement *possible*, inscrit dans les données *actuelles*. C'est sans doute le présupposé du cinétisme aristotélicien que de réduire d'avance le possible à ce qui peut être *rendu* actuel et donc l'être-actuel, à ce qui a été fait tel, à l'être-fabriqué. Dans un bloc de marbre, sont possibles un linteau, une colonne et un tas de sable, à condition qu'interviennent une commande, un architecte, un atelier, des bouchardes et des riflards… S'il en est ainsi, le cinétisme ramène le possible au faisable. Il ramène, autrement dit, la logique d'attribution et d'assentiment à la techno-logie. Dans les mots de Heidegger, le Oui à l'actuel signifie le « Oui du "faire" », par où l'on tient tout ensemble l'intérêt qui pousse à la maximisation normative et les attendus de sa critique (BzP 246).

Maximiser un tel Oui n'est pas sans intérêt. Ce que les étants ont de plus intéressant est toujours ce qu'on peut faire d'eux. Un Oui primordial serait plein d'ordre, ce qui veut dire ici : plein d'un ordre à réaliser, plein d'ordonnancement technique à actualiser. Voilà le noyau technologique de tout paradigmatisme classique. Avec lui, on tient déjà les éléments d'une critique, car quand quelque Oui fait uniment la loi, c'est que les choses (via leur représentation) donnent seules la mesure ; que l'assentiment (via l'hubris subsomptrice) universalise l'actuel ; que le produisible (via une *metabasis eis allo genos*) passe pour tout l'étant – et le mieux fait, l'ordre primordial justement, pour le mieux étant – ; et enfin

que le néant (via la logique attributive) signifie la négation d'étant, la non-chose, le non-produit, le non-ac-
tuel. La *dynamis* aristotélicienne a réglé le bon usage
du néant en philosophie et a forclos le Non, plus grand
que le Oui.

Comment penser dès lors le néant comme l'« autre »
de ces équivalences et oppositions réglées par la physique d'Aristote ? La façon autre ne le placera, ni vis-à-
vis des choses actuelles comme leur négation technique,
ni antérieurement au Oui comme annihilation catastrophique.

Comment le placer ? Quelle sera la place du néant ? Il
ne sera négation de rien du tout. La torsion que Heidegger inflige au bon usage de l'actuel et du possible permet de comprendre celle qu'il inflige aux paires lexi-
cales « être-néant » et « Oui-Non ». Les phénomènes
impairs dont nos lexiques feignent l'accouplement s'ar-
ticulent sur le seul *possible*.

Les variations séculaires sur l'actuel et le possible ont
ceci de commun qu'elles traitent le possible à la manière
de l'actuel et d'après lui : égal à lui, moins bien que lui,
ou mieux que lui. Elles le traitent, soit comme l'actuel
même qui figure alors parmi les possibles (par exemple,
le meilleur des mondes), soit comme un mauvais actuel
parce qu'il n'est pas (la licorne), soit encore comme un
meilleur actuel, qui sera (une société messianique)[15].

Dire que le possible est « plus haut que l'actuel » (*Être
et Temps*, § 7), c'est déjà casser cette vieille paire. Le possible se déplace. Il ne jouxte plus d'aucune manière l'actuel. Il désigne plutôt la simple ouverture où, comme
on dit, tout est possible – non pas ce « tout », entitatif
et représentable lui encore, mais à l'écart entre le donné
et le non encore donné où des faits éventuels peuvent
survenir. Sevré de l'entitatif, le possible ne signifie plus

telle colonne et tel linteau latents dans un bloc de paros, attendant le passage, le choix et la main de l'architecte Ichtynos – plus des possibles capables d'être rendus actuels. De là le lien nouveau du possible à l'avenir, « plus haut » que l'actuel parce qu'indifférent aux présents et aux absents comme à l'actuel et à l'éventuellement actuel.

Or, et c'est le moment clé de l'argument, ainsi sevré de l'actualisable-faisable, le possible n'est pas simple. Il est *la discordance formelle des temps* : ouverture présente, mais ouverture à l'avenir ; non pas présence-absence bipolaires, mais l'à-venir même. Discordant temporellement de la sorte, il distrait (à la lettre) le quotidien par les traits de natalité et de mortalité, comme il distrait la vérité en dévoilement et voilement. Toujours le possible tire doublement : attrait *(Bezug)* du Oui, retrait *(Entzug)* du Non (BzP, 183, 293). Nouvelle dualité symétrique ? Seule la rétine la plus quadrillée lira ces doubles tractions dans le possible, toujours et encore selon la géométrie de la négation déterminée. Elles défont plutôt et pour de bon, la mécanique bipolaire. Il suffit de se rappeler les tournures dissymétriques : la naissance est « pour la mort » ; « l'éclaircie, pour le voilement » (BzP 351) ; « le sans-fond, la façon d'être originaire du fond » (BzP 379) ; le néant, « le plus originaire dans l'être » (BzP 247) ; le Non, « d'une essence plus profonde encore que le Oui » (BzP 178)… « Pour », « plus originaire », « plus profond » – on ne dira pas que ces prépositions et comparatifs accouplent des contraires. Aucun des modèles bipolaires reçus de la tradition ne survivrait, à s'agencer selon les formes : « Oui *pour* le Non » ou : « Non, *plus profond* que Oui ». Quel sens cela aurait-il de dire le miel « pour » les cendres ou les cendres, « pour » le miel ? Ou « plus profondes », « plus originaires » que le miel ? C'en serait fait de leur symétrie – comme en effet, avec la discordance des temps, c'en est fait de la symétrie entre Oui et Non.

Reste le bagage spéculatif des comparatifs. On dirait tout naturellement : si le Non n'est pas l'égal contraire du Oui, et s'il ne lui fait pas suite selon la dépendance, alors il ne peut que le précéder à la manière d'une condition. Ainsi le Non finirait bien après tout par secondariser le Oui. – Mais qu'est-ce qui peut se décrire selon les emplacements au-dessus, égal à, et en-dessous ? On vient de le voir, de telles graduations servent toujours à représenter les étants. S'agissant de traits traversant le possible non-entitatif, en revanche, les prépositions et comparatifs en question ne posent plus quelque échelonnement. Plus originaire ne peut pas vouloir dire primordial – de premier ordre –, comme une cause première l'est envers les causes secondes. Avec le paradigme des oppositions binaires s'en va encore celui des similitudes progressivement déficientes amenuisant quelque position maximale. Il est impensable, on l'a vu aussi, que la mort, le voilement, le sans-fond, le néant et le Non occupent la place primordiale : celle d'un ordre premier.

L'originaire phénoménologique ne peut tenir qu'à la manifestation. Là seulement on pourra parler d'un Non, plus originaire que le Oui. De prime abord, rien de plus familier depuis Héraclite : le Non l'emporte en ce que la manifestation comme telle ne devient jamais manifeste. La venue à la présence aime à se retirer.

Rien de plus évident aussi, et de l'évidence « visée » dans toute phénoménologie de l'intentionnalité, puisque la visibilité a toujours été vue avant tout contenu visible. L'attrait du Oui signifie l'apparaître. *Oui, il y a manifestation* – énoncé qui est d'ailleurs une double tautologie, « oui », « il y a », et « manifestation » disant tous trois la même phénoménologisation. L'énoncé contraire affirmerait : Non, il n'y a pas de manifestation ; l'apparaître n'a pas lieu. Personne n'a encore, à ce que je sache, ainsi tiré le rideau sur le monde. Heidegger tire un trait autre : *Non, il n'y a pas de manifestation de la manifestation.* Cet énoncé, sans nier la manifestation ni tautologiser le non-manifestation, avance ailleurs. Pour voir où, il faut, suivant le projet même de la phénoménologie, regarder non seulement comment on parle, mais de quoi on parle.

Or, là, le retrait du Non est plus familier et plus évident encore, mais d'une familiarité et d'une évidence qui se situent dans la quotidienneté, non dans l'histoire de la philosophie ou dans la méthode de la phénoménologie. C'est pourquoi ce retrait est le plus décisif pour la compréhension de l'être. En quoi le Non tire-t-il *autrement* que le Oui ? À interroger la manifestation et le Non, dans la quotidienneté, se révèle une altérité (responsable tant du *kryptesthai philei* d'Héraclite que de l'intentionnalité husserlienne) en laquelle se joue toute la condition tragique de l'être.

De quoi parle Heidegger quand il parle de *phyein* ou de manifestation ? Toujours, de singuliers faisant constellation, c'est-à-dire, se phénoménalisant en entrant dans une économie de la présence. Cette entrée en présence reste son seul et persistant propos. Elle travaille le singulier en le régionalisant. Elle l'inscrit dans un contexte – dans un monde – et par là en fait un phénomène. C'est ce qu'avait bien compris Marcel Duchamp quand il monta une roue de bicyclette sur un tabouret et l'exposait dans une salle de musée. Une roue de vélo, c'est fait pour tourner autour d'un axe huilé, fixée dans une fourche en métal et servant à la locomotion. Oui à cet objet de rayons et d'une jante alors qu'il fait un monde, contextualisé entre l'asphalte sur lequel il avance et les voitures entre lesquelles il vous sert à vous faufiler. C'est là qu'il apparaît, phénoménalisé selon ce qu'il est. Mais un Non en traverse la phénoménalisation comme un arrachement possible, arrachement qui ici l'exile sur un tabouret et qui l'y singularise. La singularisation toujours à venir dans les phénomènes signifie le *Non à leur monde* (monde « propre », mais sans sujet appropriateur ni possession pleine).

Dire un étant « singulier dans son monde » serait un contresens : un sens accompagné d'un non-sens. N'a de sens qu'un phénomène dans son monde – mais non pas le *ready-made* singularisé, ni tel autre singulier disant : « Nous ne sommes pas au monde ». Dans la singularisation se perd le sens.

Voici donc comment Heidegger reste fidèle à l'ancienne recherche philosophique des conditions, tout en congédiant l'a priori, la simplicité, l'universel, la dernière instance, ainsi que les autres corollaires du thétisme normatif : une décontextualisation factuelle n'est possible que parce que le Non décontextualisant est d'abord un trait d'être. La singularisation possible ruine toujours du dedans la phénoménalité actuelle conférée par un monde. Le néant sera plus originaire que l'être parce qu'*il singularise l'être en événement*. Cette singularisation est, on l'a vu, l'enjeu pathétique des *Contributions à la philosophie*. Chaque fois que Heidegger parle de danger suprême, c'est d'elle qu'il parle.

Elle est en effet l'autre sans genre, aliénant l'être dans sa façon essentielle, dans son *Wesen*. Quelle parité, symétrie, négation déterminée, contrariété, contradiction, ou quel échelonnement des particuliers sous un principe universel, accouplerait le singulier au phénomène ? Il ne faut donc pas se laisser abuser par l'appariement *lexical* quand on décrit la double contrainte comme appropriation-expropriation, dévoilement-voilement, être-néant, Oui-Non, législation-transgression. Dans chacune de ces paires qui n'en sont pas, le premier mot désigne d'un étant la phénoménalité qu'il doit à son monde et le second, sa singularisation à venir.

Celle-ci dit une passibilité dans les phénomènes, à savoir qu'ils peuvent souffrir l'expulsion de leur monde. En tant que trait originaire, elle dit que la dépossession est toujours imminente, que la possession pleine n'a jamais lieu. Du point de vue de l'événement qu'est l'être, pareille éviction s'appelle expropriation ; du point de vue des hégémonies époquales, destitution ; et du point de vue de la quotidienneté, elle s'appelle la mort.

Voilà autant de rétractions qu'exerce le possible, donc l'avenir. Que Heidegger parle du singulier ou qu'il parle du temps, c'est du même *différend* qu'il s'agit : des lois disparates où l'être nomique toujours ouvre un monde, mais où le Ne-pas – nomique plus originairement en ce qu'il singularise les phénomènes – prive ce monde, à jamais et de toujours, de ses focales réconciliatrices, consolatrices et consolidatrices.

Le monde de Heidegger n'est donc pas un monde anomique. Il est nomique doublement. Le recel nous y lie et nous oblige autant que l'ouvert : « Ce qui se recèle s'ouvre comme ce qui porte et qui lie » (BzP 260).

Quant au monde du XXᵉ siècle, Heidegger se laisse sans doute un peu emporter quand il suggère que la singularisation y devient pathologique au point qu'il n'est plus guère un monde. Les choses n'y peuvent pas devenir phénomènes selon ce qu'elles sont. « Les machineries-machinations [sont] sans lien » (*Ungebundenheit der Machenschaften*, BzP 120) : formule qui sous-entend un évanouissement de la pertinence déictique dans le langage contemporain, où les mots se détachent des expériences quotidiennes. Façonnée par la technique, la vie devient inaccessible à l'expérience au point qu'un mutisme épais en recouvre la condition originaire. Même si la formule n'est pas sans provoquer des maux de tête, du moins elle permet de comprendre pourquoi, selon les *Contributions*, l'être-là n'est pas encore. Il sera, quand un âge se trouvera placé en toute clarté dans une économie phénoménale donnée, sans y dénier la singularisation à venir. Voilà ce que serait *diasôzein ta phainomena,* sauvergarder les phénomènes.

« L'un *et* l'autre imposent leurs contraintes », disait Heidegger dans un passage cité ci-dessus. On a vu d'où naît toute loi : de l'hubris qui dénie la singularisation comme si elle n'était pas. Les idéalistes de toujours ont été les fonctionnaires modèles de l'ordre, en déclarant tout de go que le singulier n'a pas d'être. Or, le désapprentissage de cette hubris (désapprentissage que Heidegger appelle *Gelassenheit*) restitue à la loi son autre dispars et donc la double contrainte. De dessous le déni tragique, elle restitue la vérité tragique qui toujours finit par singulariser le héros jusqu'à en mourir.

Ainsi d'Agamemnon. La contrainte du sang le singularise dans la région phénoménale faite des armées sous son commandement, à Aulis. Inversement, la contrainte des armes le singularise dans cette région phénoménale autre, faite de Clytemnestre et des Atrides, à Mycène. À Aulis, son allégeance nomique à l'universel militaire raye le Non singulier qui le supplie à travers les yeux d'Iphigénie bâillonnée. Quelques années plus tard, il se trouvera singularisé de la même sorte, dans le filet d'Égisthe.

Ainsi encore de Michel Foucault : « Seule une fiction peut faire croire que les lois sont faites pour être respectées... L'illégalisme constitue un élément absolument positif du fonctionnement social, dont le rôle est prévu dans la stratégie générale de la société » [16].

Quand Heidegger dit que « seul est contraignant l'événement » (BzP 416), il faut donc entendre : seul est contraignant l'événement disparate en son appropriation-expropriation ; en termes de la loi : seule l'est la double contrainte originaire, législative-transgressive.

Quelle est dès lors la tâche de la pensée après Heidegger ? C'est de garder vif le savoir de cette double contrainte normative : le savoir tragique.

Notes

1 L'expression *double bind* fut forgée en 1956 par Gregory Bateson. Je retiens de ce concept les trois traits formels que celui-ci en donne (*Seeps to an Ecology ot Mind*, Londres, Chandler Publishing Company 1972, p. 206 sq.) : une injonction primaire qui déclare la loi ; une injonction secondaire déclarant une loi en conflit avec la première ; et enfin une injonction tertiaire « interdisant à la victime de s'échapper du champ » constitué par les deux premières injonctions. Je ne retiens évidemment pas l'application de ces traits en psychologie sociale.

2 M. Heidegger, *Beiträge zur Philosophie* (Gesamtausgabe, t. LXV), Francfort, Klostermann, 1989 ; cité ci-dessous par le sigle BzP. J'ai rendu compte de ce volume dans l'*Annuaire philosophique 1988–1989*, Paris, Seuil, 1989, p. 107–130.

3 Selon les *Contributions*, le *Da-sein* (l'être-là) n'est pas encore (cf. BzP 90 et ailleurs).

4 En parlant de natalité et de mortalité comme de *traits* phénoménologiques, je suis Hannah Arendt, *Condition de l'homme moderne*, trad. par Georges Fradier, Paris, Calman-Lévi, 1983. Le premier trait désigne le ressort de la vie active : travail, œuvre, action. La natalité – « le principe du commencement » – est la condition « des institutions et des lois et généralement de tout ce qui a trait à la communauté des hommes » ; elle est « le miracle qui sauve le monde », car en elle « s'enracine ontologiquement la faculté d'agir ». Le second trait, la

125

mortalité, fait notre finitude et étale la vie singulière en histoire narrable (p. 17, 200, 215, 277 sq.).

5 Eschyle, *Agamemnon*, v. 205–211, trad. par Paul Mazon, *Eschyle*, Paris, 1925 (t. II, p. 17).

6 Le traducteur souligne le changement abrupt dans l'attitude d'Agamemnon, en rendant très librement *themis* par « sans crime ». Il atténue en revanche la tournure *orgai pierorgôs epithumein*, qui signifie littéralement « désirer le plus passionnément dans la passion ». Voir les constructions parallèles et le commentaire dans E. Fraenkel, *Aeschylus: Agamemnon*, Oxford, Oxford University Press, 1950, t. I, *sub loco*.

7 « Nous sommes les fonctionnaires de l'humanité », E. Husserl, *Die Krisis der europäischen Wissenschaften und die transzendentale Phänomenologie* (Husserliana, t. VI), La Haye, Martinus Nijhoff, 1954, p. 15.

8 La légitimation de ces violences régionales sous telle ou telle forme incomberait à une doctrine du jugement. Vu son présupposé subjectiviste, celle-ci reste évidemment incompatible avec la phénoménologie heideggerienne comme elle reste incompatible avec d'autres projets philosophiques contemporains, par exemple celui de Wittgenstein.

9 On trouverait difficilement à redire au mot de William Butler Yeats : « La civilisation tient, cerclée par une multiple illusion » ("Civilization is hooped together by manifold illusion"), in "Meru" (*The Poems*, New York, éd. par R. J. Finneran, 1981, p. 289).

10 Selon Franz Rosenzweig, Le Oui – au sens du *sic*, de l'amen, du « c'est bon » est le « mot originaire » *(das Urwort)*, *Der Stern der Erlösung*, Francfort, Kauffmann, 1921, Première Partie, p. 37, et Deuxième Partie, p. 51.

11 Les deux principaux ouvrages du Pseudo-Denys l'Aréopagite s'ouvrent l'un et l'autre sur des hymnes où abonde l'usage du préfixe « au-dessus » *(hyper-)* et de l'adverbe « au-delà » *(epékeina)*. Dieu est « celui qui est au-delà de toutes choses » *(ho pantôn epékeina)*, il est au-dessus de l'inconnaissable *(hyperagnoston)*, « au dessus du plus évident » *(hyperphanestraton)*, etc. *(De la théologie mystique*, I, 1) ; il est i « cause non-étant de tout étant, au-delà de l'étant » et « au-delà de la pensée » *(Des Noms divins*, I, 1).

12 Cf. BzP 246 sq. – L'inconséquence apparente suit le modèle de la temporalité extatique où l'à-venir est le « sens primaire » de l'existentialité alors même que l'ayant-été présent et l'à-venir sont dits tous trois « co-originaires » *(Être et Temps*, § 65).

13 Une catastrophe est, à la lettre, un renversement. Or, ce qui peut se renverser doit d'abord être. Logiquement, une négation ne peut donc s'affirmer comme originaire : les opérations tant de négation que d'affirmation nécessitent un Oui, complément d'objet. – Phénoménologiquement, un Non originaire, secondarisant le Oui, annulerait le *phainesthai* même et donc le monde. – Quant à Méphistophélès, Goethe se montre bon théologien quand il fait dire à cet esprit qui toujours nie *(ich bin der Geist, der stets verneint)* que de temps en temps il aime bien voir ce vieux monsieur qu'est Dieu *(Von Zeit zu Zeit seh ' ich den Alten gern), Faust,* v. 1338 et 350.

14 En lisant un auteur, il faut savoir repérer les tours d'écriture où il ramasse sa pensée. Chez Kant, cela se passe habituellement dans le paragraphe qui ouvre une section, un chapitre ou même un ouvrage ; chez Heidegger, dans des questions rhétoriques.

15 Ces divers sens du possible, factuel et originaire, ont diversement trait au temps. Ainsi quand on annonce une société à venir, la démocratie à venir, etc., donne-t-on un contenu au possible. On signifie alors un *avenir factuel*. Quand on dit en revanche que le temps s'origine dans l'avenir, on signifie plutôt un possible comme simple ouverture, un *avenir originaire*.

16 M. Foucault, « Des supplices aux cellules », *Le Monde*, 21 février 1975, p. 16.

Références

« Se constituer soi-même comme sujet anarchique »,
in *Les Études Philosophiques* (1986), p. 451–471.

« Que faire à la fin de la métaphysique? »,
in Michel Haar, éd., *Martin Heidegger*, Paris, Cahiers de l´Herne, 1983,
p. 354–368.

« Des doubles contraintes normatives »,
in J. Polain/W. Schirmacher, éd., *Penser après Heidegger*,
Paris, L´Harmattan, 1992, p. 49–68.

Table des matières

Anarchies

Collection dirigée par
Mehdi Belhaj Kacem et Jean-Luc Nancy

Anarchies et non anarchisme. Les *ismes* émoussent toujours le tranchant d'une vigueur. Ici, celle de l'an-archie au sens de Reiner Schürmann : d'une origine toujours-déjà disséminée et fracturée ; du principe de l'absence de tout principe directeur pour l'agir comme pour la pensée. Ce qui n'interdit aucunement la sympathie pour les luttes historiques héroïques des prolétaires anarchistes réels : la Commune de Paris (en-deçà de sa « récupération » léniniste), la grève générale de 1906, la révolution espagnole, Mai 68 et les situationnistes... Or une collection « philosophique » doit véhiculer au moins l'Idée d'une « politique ».

Ces derniers guillemets veulent indiquer ce qui précise la vocation de la présente collection : anarchies, car il n'y a pas « l' » anarchie, en quelque sens que ce soit (pas plus qu'il n'y a « le » chaos). L'anarchie qui règne dans le champ philosophique n'est pas celle de la science, celle des nouvelles pratiques érotiques n'est pas celle de la production artistique, les nouvelles formes d'anarchisme politiques ne relèvent pas de la même « absence de principe » que les tragiques apories contemporaines du droit. La dissémination – fidèle sans affiliation à la *différance* de Derrida – ne doit pas être un mot qui, par un tour pervers, subsume à nouveau tout ; elle doit se *montrer*.

Fidèle – à l'infini.

C'est donc de l'hétérogénéité effective, en abyme fracturé, de toutes ces pratiques et pensées an-archiques, qu'aimerait rendre raison, à sa mesure, la présente collection. Quand bien même dirigée par deux « philosophes » (chacun à sa façon très réservé envers l'assurance que semble aujourd'hui revêtir cette appellation), la collection s'ouvrira donc aux pratiques les plus diverses, les plus excitantes et les plus désorientantes de la littérature, des arts, de la pratique politique, de l'épistémologie ou de l'éthique érotique du présent.